Victoria Krabbe

Sara will es wissen

Victoria Krabbe

Sara will es wissen

Eine Geschichte über die 5 Weltreligionen

Mit Illustrationen von Constanze Guhr

PATTLOCH

Inhalt

Aarun und der Hinduismus

Anhang

Als das Schlimmste geschah

Es war das Schrecklichste passiert, das überhaupt passieren konnte. Gestern noch war Sara bei Oma Fee gewesen, die einzige Oma, die Sara noch hatte. Ihre andere Oma und die beiden Opas waren schon vor langer Zeit gestorben, da war Sara noch gar nicht auf der Welt.

Oma Fee war klein und zart, und ihr Name passte gut zu ihr, denn sie sah wirklich aus wie eine Fee, fand Sara. Eine alte Fee, mit langen weißen Haaren und großen blauen Augen. Sara liebte ihre Oma. Sie waren zusammen ins Kino gegangen, auf den Spielplatz und in den Zoo. Und jeden Sonntag hatte Oma für Sara eine Torte gebacken. Wunderschöne, leckere Torten waren das gewesen, mit Sahne und Marzipan und kleinen Zuckerröschen obendrauf. Oma hatte früher nämlich eine kleine Konditorei gehabt.

Aber seit einem Jahr konnte Oma nichts mehr mit Sara unternehmen, und Torten backte sie auch nicht mehr. Sie war sehr krank geworden und ganz schwach. Selbst das Sprechen machte ihr große Mühe. Meistens schlief sie nur noch. Aber wenn Sara sie besuchte, versuchte sie, wach zu bleiben. Dann erzählte Sara Geschichten von der Schule oder von ihren Freunden, und Oma hörte aufmerksam zu, bis sie irgendwann wieder einnickte.

Und nun war Oma tot. Sara hatte es erfahren, als sie aus der Schule kam.

„Sie ist einfach eingeschlafen“, sagte Saras Mutter mit verweinten Augen. „Eingeschlafen und nicht mehr aufgewacht. Sie hat gar nicht gemerkt, dass sie gestorben ist.“

„Nein“, flüsterte Sara erschrocken, „sag, dass das nicht wahr ist!“

Ihre Mutter sah sie traurig an und wollte sie in den Arm nehmen. Aber Sara lief in ihr Zimmer und warf sich aufs Bett. ‚Stimmt nicht!‘, dachte sie verzweifelt und schlug in ihr Kissen, so heftig, wie sie nur konnte. „Stimmt nicht!“, brüllte sie dann. „Das stimmt einfach nicht!“

Danach kroch sie unter ihre Bettdecke und kniff die Augen zu. ‚Jetzt schlaf ich ein‘, dachte sie unglücklich, ‚und wenn ich aufwache, ist alles so wie früher, und Oma ist wieder lebendig!‘ Aber Sara schlief nicht ein. Denn in der Dunkelheit, hinter ihren geschlossenen Augen, jagten Bilder umher. Bilder von Oma, wie sie gesund und fröhlich war. Sara riss die Augen wieder auf.

„Lieber Gott“, flüsterte sie, „mach, dass Oma wieder lebt! Wenn du das hinkriegst, will ich nie wieder böse sein. Ich will immer lernen und Mama helfen und nie widersprechen oder heimlich Süßigkeiten essen, und ich will mir immer die Zähne putzen. Ich will alles tun, einfach alles. Mach nur, dass Oma wieder lebt!“

Sara erinnerte sich, als sie noch kleiner gewesen war, hatte Oma abends mit ihr gebetet. Aber das war lange her. Im Religionsunterricht in der Schule hatte Sara dann alles Mögliche über Gott gelernt und über Jesus. Wie er im Stall geboren wurde, wie er Kranke heilte und dass er am Kreuz gestorben war.

Jetzt wollte sie Gott um etwas bitten. Eine Million Mal oder eine Milliarde Mal. Einfach so lange, bis er ihren Wunsch erfüllte. „Mach, dass Oma lebt“, murmelte sie also. „Mach, dass Oma lebt!“

Immer und immer wieder flüsterte sie diesen Satz, bis es an der Haustür klingelte. Sara hörte, wie ihre Mutter öffnete und Tommy begrüßte. Tommy war Saras Cousin. Er war schon 18, kannte jede Menge Witze und gute Geschichten, und er fand Computerspiele nicht doof, so wie Saras Eltern. Vor allem aber hörte er Sara richtig zu. Andere Erwachsene sagten oft nur „Aha, ja, ja“, wenn man ihnen etwas erzählte, und dachten dabei an etwas ganz anderes. Aber Tommy nicht.

Sara sprang vom Bett und lief in den Flur. Sie wollte sofort mit Tommy reden, aber nachdem er sie umarmt hatte, stand auch schon Saras Tante vor der Tür. Danach klingelten Saras Onkel und noch eine Tante, und auch Saras Vater kam viel früher von der Arbeit nach Hause als sonst. Sie setzten sich alle ins Wohnzimmer, tranken Kaffee und sprachen leise miteinander. Papa hielt Mama im Arm, und sie lehnte traurig ihren Kopf an seine Schulter.

„So plötzlich ...“, murmelten sie, „einfach eingeschlafen“ und „sie war so tapfer“.

‚Wie können sie nur Kaffee trinken, wenn Oma tot ist?‘, fragte sich Sara.

Sie stand am Fenster und sah nach draußen. Der Himmel war strahlend blau, und die Sonne schien. ‚Total bescheuert!', dachte Sara wütend. ‚Total sinnlos, so ein schönes Wetter, wenn Oma es nicht sehen kann!'

TOMMY UND DAS CHRISTENTUM

Ein wirklich netter Vater

Sara war froh, als Tommy sich neben sie stellte und in den Himmel schaute.

„Irgendwo da oben ist sie jetzt, bei Gott, im Paradies. Bestimmt hat sie es da ganz schön“, sagte er schließlich leise.

„Woher weißt du das?“, flüsterte Sara.

Tommy zuckte mit den Schultern und seufzte. „Wissen ...“, sagte er, „mit dem Wissen ist das so eine Sache. Ich glaube es einfach.“

Sara stiegen Tränen in die Augen. Es war ihr egal, ob Oma bei Gott war oder sonst wo. Sie sollte hier sein, bei ihr!

Tommy zog Sara auf einen Sessel, deckte sie mit der Sofadecke zu und hockte sich neben sie auf den Boden.

„Wenn man so traurig ist, braucht man eine Decke, in die man sich einkuscheln kann. Und außerdem kann man beten.“

Sara schüttelte trotzig den Kopf. „Ich hab vorhin schon gebetet. Aber das hat gar nichts geholfen. Ich bete nicht. Nie mehr.“

„In Ordnung“, meinte Tommy, „dann bete ich alleine.“

„Brauchst du gar nicht erst versuchen“, protestierte Sara.

Tommy kümmerte sich nicht darum, sondern faltete die Hände.

„Hallo, Gott", sagte er leise. „Hier sitzt Sara und ist traurig. Und wütend ist sie auch, weil sie nicht will, dass ihre Oma tot ist. Es wäre gut, wenn du Sara in der nächsten Zeit ein bisschen hilfst, wenn sie dich braucht. Vielen Dank. Amen." Als Tommy fertig war, schwiegen die beiden eine Weile.

„Ich glaub nicht fest genug an Gott", sagte Sara schließlich, „deshalb hilft er mir auch nicht."

„Wenn du ihn rufst, ist er da", antwortete Tommy. „So ist das mit Gott. Der kümmert sich um jeden, der ihn braucht. Der sagt nicht: ‚Oh, das ist aber nicht ordentlich genug, so wie Sara an mich glaubt.' Das Tolle an Gott ist, dass er dich immer mag."

Sara zuckte mit den Schultern. „Vielleicht", murmelte sie. Aber sie glaubte es nicht wirklich.

„Lust auf eine kleine Geschichte?", fragte Tommy.

Sie nickte und kroch tiefer unter die Decke. Eine Geschichte zu hören war auf jeden Fall besser, als traurig an Oma zu denken.

„Es lebte einmal ein Bauer, der hatte zwei Söhne. Sie wohnten zusammen und teilten sich die Arbeit auf dem Bauernhof. Eines Tages hatte der jüngere Sohn aber keine Lust mehr, immer nur zu arbeiten. ‚Hör mal', sagte er zu seinem Vater, ‚ich muss dringend weg hier. Ich will auch mal was anderes sehen, andere Leute kennenlernen, einfach ein bisschen Spaß haben, verstehst du? Ich brauche allerdings Geld dafür. Du hast doch mal gesagt, wenn du stirbst, bekommen wir alles, was dir gehört.

Also, ich würde lieber jetzt schon was von dem Geld haben.'

Sein Vater war wirklich ein netter Vater. Er gab seinem Sohn das Geld, eine ganze Menge Geld, und wünschte ihm viel Glück. Nun zog der Sohn in eine große Stadt. Dort mietete er sich ein Zimmer in einem feinen Hotel, kaufte sich alles, worauf er Lust hatte und lud jeden Tag Leute zum Feiern ein. Irgendwann war sein Geld natürlich alle. Und die neuen Freunde waren plötzlich auch verschwunden. So blieb ihm nichts anderes übrig, als sich eine Arbeit zu suchen. Schließlich fand er eine Stelle auf einem Bauernhof. Er musste im Stall schlafen und verdiente so wenig, dass er sich nicht einmal genug zu essen kaufen konnte. Sein Bauer verbot ihm sogar, sich ein paar Rüben vom Tierfutter zu nehmen. Da dachte der Sohn an seinen Vater: ‚Der behandelt jeden gut. Ich muss mich unbedingt bei ihm entschuldigen. Bestimmt mag er mich nicht mehr. Aber vielleicht darf ich wenigstens für ihn arbeiten und muss nicht mehr hungern.'

Schmutzig und mit zerfetzten Kleidern machte sich der Sohn auf den langen Weg nach Hause. Als er endlich dort angekommen war, blieb er stehen. Er traute sich nicht weiter, so sehr schämte er sich. Aber sein Vater hatte ihn schon entdeckt, lief auf ihn zu, küsste und umarmte ihn. Da fühlte sich der Sohn noch elender. ‚Ich habe es gar nicht verdient, dass du mich noch lieb hast', sagte er. ‚Dein ganzes Geld ist weg! Ich bin der schlechteste Sohn der Welt.'

Sein Vater hörte ihm gar nicht zu. ‚Wir müssen feiern!', rief er, ‚mein Sohn ist wieder da!' Und dann gab es ein großes Fest mit Musik und gutem Essen. Alle waren bes-

ter Laune. Nur einer nicht, das war der zweite, der ältere Sohn, der zu Hause geblieben war. Der hatte den ganzen Tag mal wieder brav gearbeitet. Als er abends nach Hause kam, wunderte er sich.

‚Was ist denn hier los?', fragte er schon in der Haustür.

‚Wir feiern, stell dir vor, dein Bruder ist wieder da!'

Da wurde der ältere Sohn aber sauer. ‚Wie bitte? Ein Fest für meinen Bruder? Für diesen Blödmann? Der mit seinem ganzen Geld abgehauen ist und es sinnlos verprasst hat? Da feiere ich garantiert nicht mit.' Und er blieb zornig draußen stehen in der Dunkelheit, bis sein Vater zu ihm herauskam.

‚Lass mich bloß in Ruhe', zischte der Sohn. ‚Ich bin total wütend! Ich habe hier die ganze Zeit geschuftet und mich um alles gekümmert. Gab es dafür auch nur ein einziges, kleines Fest? Nein!'

Da nahm ihn sein Vater in den Arm. ‚Stimmt, du warst immer bei mir, und darüber bin ich froh. Ich habe dich auch kein bisschen weniger lieb als deinen Bruder. Aber ihn hatte ich doch verloren, und nun habe ich ihn wieder. Ich hielt ihn für tot, aber er lebt. Da müssen wir uns doch freuen!'"

Tommy sah Sara an und sagte zum Schluss: „So ist das also mit Gott. Er ist ein guter Vater. Wenn jemand zu ihm kommt, umarmt er ihn. Ganz egal, was der gemacht hat. Er freut sich einfach."

‚Der freut sich', dachte Sara müde, ‚und ich kann mich wahrscheinlich nie wieder richtig freuen.'

Draußen brach die Dämmerung herein und sie schlief ein.

Ein Brief für Sara

Es waren sonderbare Tage. Wenn Sara in der Schule war, schien das Leben ganz normal zu sein. Aber dann erinnerte sie sich daran, dass Oma nicht mehr da war, und alles fühlte sich auf einmal falsch und verdreht an. Zu Hause saß Mama manchmal in der Küche und tat gar nichts. Wenn Sara hereinkam, sprang sie schnell auf und versuchte, fröhlich zu sein.

An dem Tag, als Oma beerdigt wurde, prasselte der Regen auf das Dach der kleinen Friedhofskapelle, in der sie um Omas Sarg herum saßen. Sara versuchte, nicht daran zu denken, dass Oma da drin lag, ganz alleine im Dunkeln. Der Pastor erzählte etwas über Oma und Gott, und danach sangen alle. Sara sang nicht mit. Wie konnte sie singen, wenn Oma tot war? Sie presste die Lippen aufeinander und schaute auf ihre glänzenden Schuhe. Sie hatte sie selbst geputzt, sehr lange und gründlich, weil Oma saubere Schuhe immer gern gemocht hatte.

Sara sah erst wieder auf, als sie die Stimme von Herrn Salomon hörte. Herr Salomon war Omas Freund gewesen. Er lebte in der Wohnung direkt neben ihr. Sara hatte ihn manchmal kurz getroffen, wenn sie bei Oma auf Besuch war.

„Guten Tag, kleines Fräulein“, hatte er jedes Mal gesagt, „ein schöner Tag zum Leben heute, nicht wahr?“ Herr Salomon trug immer einen dunklen Anzug mit einer weißen Rose am Revers. Genau wie heute. Nun stand Herr Salomon neben Omas Sarg und hielt eine Rede.

„Einmal, als ich bei meiner Freundin Fee eingeladen war, beklagte ich mich über das schlechte Wetter. ‚Es regnet schon wieder‘, sagte ich, ‚wie ärgerlich.‘ Da lachte sie fröhlich: ‚Das macht doch aber nichts, wenn es draußen regnet. Da lassen wir die Sonne eben hier drinnen scheinen!‘ Und das tat sie, meine allerbeste Freundin. Sie ließ die Sonne für mich scheinen. Nicht nur an jenem Regentag."

Nach der Beerdigung gab es bei Saras Eltern Kaffee und Kuchen für alle. Die Wohnung war voller Menschen, die miteinander redeten. Einige von ihnen kannte Sara. Die alte Dame am Fenster, die mit den roten Haaren, hatte sie immer auf Omas Geburtstagen gesehen. Sie war jedes Mal sehr lustig gewesen und hatte viel geredet. Aber heute stand sie schweigend neben Omas Blumenhändler. Sara wusste, dass er aus Indien kam. Das hatte Oma ihr einmal erzählt. Und die hübsche Frau dort mit dem Kopftuch arbeitete in dem türkischen Gemüseladen, in dem Oma oft eingekauft hatte, bevor sie krank geworden war.

Saras Eltern eilten umher, schenkten Kaffee ein und boten Kuchen an. Sara saß alleine auf dem Sofa und zerkrümelte einen Keks, als Herr Salomon auf sie zukam.

„Kleines Fräulein", fragte er, „darf ich dir mein Beileid aussprechen?"

„Danke", murmelte Sara und hoffte, dass Herr Salomon schnell wieder gehen würde. Sie wollte nicht reden. Aber Herr Salomon blieb stehen.

„Ich habe Post für dich", sagte er leise und reichte ihr einen Briefumschlag.

Als Sara ihn überrascht entgegennahm und auf ihn blickte, machte ihr Herz einen Sprung. *Für Sara von Oma* stand auf dem Umschlag.

„Sie hat mich gebeten, ihn dir zu geben."

Sara starrte auf Omas Schrift und bemerkte nicht einmal, dass Herr Salomon sich wieder höflich verabschiedet hatte. Nachdem er gegangen war, hielt sie den Brief noch eine Zeit lang in den Händen, bevor sie ihn endlich öffnete. Als sie den Briefbogen behutsam auseinanderfaltete, fiel ein kleines Zettelchen aus ihm heraus.

Gutschein: 1 freier Wunsch für Oma stand auf ihm in krakeligen Buchstaben. Sara erkannte den Zettel sofort. Sie hatte ihn geschrieben, das war schon eine ganze Weile her, und ihn Oma zum Geburtstag geschenkt. Seitdem hing der Gutschein an Omas Pinnwand in der Küche. Oma hatte ihn nie eingelöst. „Es ist immer gut, einen Wunsch frei zu haben", hatte sie oft gesagt. „Ich warte, bis mir mal etwas wirklich Besonderes einfällt."

Verwirrt legte Sara den Gutschein beiseite und las mit pochendem Herzen, was Oma ihr geschrieben hatte:

Liebe Sara,
die Sonne scheint. Ich liege im Bett und weiß, dass ich nicht mehr lange leben werde. Ich reise in ein unbekanntes Land. Aber ich habe keine Angst, sondern ich bin neugierig, was mich erwartet. Ich hatte ein langes, gutes Leben. Und ich habe dich gehabt! Was für ein Glück war das!

Nun wurde Omas ordentliche Handschrift zittriger. Sara konnte sie nur noch langsam lesen.

Als du 6 Jahre alt warst, hast du mir einmal einen wunderbaren Gutschein zum Geburtstag geschenkt: „1 freier Wunsch für Oma". Ich habe ihn gut aufbewahrt, und jetzt weiß ich endlich, was ich mir von dir wünschen möchte.
Es gibt so viele Geschichten, die ich dir noch erzählen wollte. Ich kann es nicht mehr tun. Aber meine Freunde können es. Mein Nachbar Herr Salomon, meine Freundin Gundi, Ayla aus dem Gemüseladen und Aarun, der Blumenhändler.
Ich wünsche mir von dir, dass du sie besuchst.
Hör ihnen zu … und frage!
Sie werden sich bei dir melden.

Die letzten Sätze konnte Sara kaum noch entziffern, so unleserlich war Omas Schrift geworden.

Ich wünsche es mir, weil ich an dich glaube und weil ich dich liebe. Und weil du alles wissen sollst, was es zu wissen gibt.
Gott wohnt auf dem Dach. Ich bin glücklich, wenn du ihn entdeckst.
Ich umarme dich. Ganz fest. Meine Liebe wird immer bei dir sein.
Deine Oma

Saras Gedanken wirbelten durcheinander. Es war so traurig, Omas Schrift zu lesen. Und so schön. Aber was war das bloß für ein merkwürdiger Wunsch? Und was bedeutete das mit Gott auf dem Dach?

Sie wollte nicht weinen, aber die Tränen rollten ihr einfach über die Wangen und verwischten die Schrift auf dem Papier. Als Sara sich die Augen trocken rieb, setzte sich Tommy neben sie.

„Alles in Ordnung?“, fragte er vorsichtig.

Sara schniefte und reichte ihm Omas Brief. Nachdem Tommy ihn gelesen hatte, atmete er tief durch.

„Und?“, fragte er. „Wirst du es tun? Besuchst du Omas Freunde?“

Sara nickte nur. Sie verstand Omas Wunsch nicht, aber das war egal. Sie wollte ihn erfüllen.

Jesus und die Liebe

Ein Wochenende später holte Tommy Sara mit dem Auto ab. Er wollte einen Ausflug ans Meer machen. Sie fuhren ein Stück auf der Autobahn und danach weiter auf einer schmalen Straße durch grünes, flaches Land. Nur ein paar Kühe grasten auf den weiten Wiesen. Einmal noch bog Tommy ab, auf einen kleinen Weg, und dann lag sie vor ihnen: die Nordsee. Sara liebte diesen Strand. Jeden Sommer fuhren sie her, die ganze Familie. Früher war Oma auch mitgekommen und hatte sich mit Sara ins Wasser gestürzt, wie kalt es auch gewesen sein mag.

An heißen Sommertagen war der Strand voller Menschen, aber heute pfiff der Wind, und es war kalt. In den Strandkörben saß niemand, nur wenige einsame Spaziergänger gab es zu sehen. Tommy hatte Decken und einen Picknickkorb dabei. Die beiden machten es sich in einem Strandkorb gemütlich, tranken heißen Tee und aßen Butterbrote. Danach spazierten sie am Meer ent-

lang. Über ihnen kreischten ein paar Möwen, und am Himmel eilten dicke Wolken vorüber. Die tosenden Wellen hatten alles Mögliche an den Strand geworfen: dicke Taue, zerrissene Netze, Holzbalken, einen Gummistiefel und leere Flaschen.

Sara und Tommy trugen alles, was sie fanden, auf einen großen Haufen zusammen. Damit bauten sie eine mächtige Sandburg. Die Holzbalken stützten die dicken Mauern, die Netze wurden zu Hängebrücken, der Gummistiefel und die Flaschen bildeten Türme, um die sich Taue wanden. Zum Schluss schrieben sie mit Muscheln Omas Namen auf die Burgmauern.

Als sie gerade fertig waren, begann es zu regnen. Die beiden liefen zu ihrem Strandkorb zurück und schoben noch einen zweiten davor. Nun saßen sie geschützt im Trockenen, wie in einem winzigen Häuschen.

Sara erzählte Tommy, dass sie am nächsten Tag Herrn Salomon besuchen wollte. Gestern hatte er sie angerufen und zu sich eingeladen.

„Das wird bestimmt interessant“, meinte Tommy. „Herr Salomon ist Jude. Oma hat mir von ihm erzählt, aber ich habe nie selber mit ihm gesprochen. Ich habe mich überhaupt noch nie mit einem Juden unterhalten.“

„Ich auch nicht, ich weiß noch nicht mal, was ein Jude ist.“

„Die Juden“, erklärte Tommy, „haben den gleichen Gott wie die Christen. Der große Unterschied ist, dass die Juden nicht an Jesus glauben.“

„Warum denn nicht?“, wollte Sara wissen.

„Na ja, Jesus hat gesagt: ‚Ich bin Gottes Sohn.‘ Das konnte nicht jeder so einfach verstehen. Gott soll einen

Sohn haben, der auf der Erde herumspaziert? Außerdem hatten die Juden viele Gesetze. ‚Gott liebt euch nur, wenn ihr die Gesetze befolgt', sagten die jüdischen Priester und Schriftgelehrten. Aber Jesus sagte: ‚Stimmt nicht! Gott liebt alle. Die Gesetze sind nicht so wichtig. Das Wichtigste ist, dass ihr Gott liebt und alle anderen Menschen auch. Ihr sollt jeden so lieb haben wie euch selbst. Sogar eure Feinde.'"

„Aber das geht doch nicht", warf seine Cousine ein, „wenn jemand doof zu mir ist oder gemein – den kann ich doch nicht lieben!"

„Das ist eben die große Aufgabe. Jeden zu lieben, egal, wie er sich benimmt. Oma hat immer gesagt, das ist viel mehr wert, als jeden Sonntag in die Kirche zu gehen. Ich weiß noch, wie ich klein war, da wollte Oma einmal mit mir zum Gottesdienst. Aber auf dem Weg zur Kirche kamen wir an einem alten Mann vorbei, der in einem Abfalleimer wühlte. Ich wollte schnell weitergehen, weil der Mann so dreckig war und stank. Aber Oma blieb stehen und sprach ihn an. Und dann gingen wir nicht zur Kirche, sondern wieder nach Hause. Oma nahm den Mann mit. Sie setzte ihn in ihre Badewanne, gab ihm ein paar von Opas Kleidern und deckte den Tisch zum Essen. Ich habe mich ins Wohnzimmer vor den Fernseher verkrümelt. Ich wollte nicht mit diesem komischen Menschen zusammen essen. Ich habe nie vergessen, was Oma damals zu mir sagte: ‚Es reicht nicht, für die Armen nur zu beten, Tommy. Man muss auch etwas tun. Uns beiden geht es gut, weil Gott uns liebt. Jetzt wollen wir diese Liebe weiterschenken. Das ist Nächstenliebe. Und die ist das Wichtigste überhaupt.'"

Sara schluckte. Sie konnte es kaum aushalten, an Oma zu denken. Traurig schloss sie die Augen und öffnete sie erst wieder, als Tommy ihr etwas in die Hand drückte. Es war ein kleines Holzkreuz mit einem feingeschnitzten Jesus.

„Für dich", sagte Tommy, „das Kreuz hat in Omas Handtasche gelegen. Es ist ein schönes Zeichen: Auch wenn der Himmel dunkel ist und du denkst, dass es nicht weitergeht: Jesus passt auf, dass dein Schiff nie untergeht."

Vorsichtig strich Sara mit den Fingern über den gekreuzigten Jesus.

„Er sieht so traurig aus", sagte sie leise. „Das ist grausam, wie er da hängt."

Tommy nickte. „Er ist schrecklich gestorben. Aber danach ist er wieder lebendig geworden. Er ist auferstanden, damit wir alle wissen: Der Tod ist nicht das Ende, wir alle können in den Himmel kommen. Selbst, wenn man kein guter Mensch war. Jeder, dem seine Fehler leidtun, darf zu Gott. Keiner wird bestraft. Weil Jesus nämlich schon alles Böse auf sich geladen hat. Jede Lüge, jeden hässlichen Gedanken, jede schlechte Tat dieser Welt. Alle Fehler aller Menschen aller Zeiten hat er da am Kreuz getragen."

Sara versuchte, sich das vorzustellen: alle Fehler aller Menschen aller Zeiten. Es wurde ein riesiger, dunkler, unglaublicher Fehlerberg, der bis in den Himmel reichte und einen düsteren Schatten über die ganze Welt warf.

Der Regen trommelte auf das Dach ihrer Strandkorbhöhle, aber plötzlich lugte die Sonne aus einem Wolkenloch hervor und der Fehlerberg verschwand.

HERR SALOMON
UND
DAS JUDENTUM

Herr Salomon erinnert sich

Herr Salomon wohnte neben Oma. Es war seltsam, an ihrer Wohnungstür vorbeizugehen und nebenan zu klingeln.

Das Wohnzimmer von Herrn Salomon war vollgestellt mit alten Möbeln, kleinen Schränkchen und Kommoden, Tischen, Sesseln und verschnörkelten Stühlen. An den Wänden hingen unglaublich viele Fotos. Auch vor den vielen Büchern auf den hohen Regalen standen überall schwarz-weiße Bilder mit altmodisch angezogenen Menschen.

„Meine Familie“, bemerkte Herr Salomon, als Sara die Fotos anschaute.

„Das ist ja eine große Familie“, meinte Sara schüchtern.

„Sie war einmal groß. Aber das ist lange her.“

Er bot Sara einen Stuhl an und hüstelte verlegen.

„Ähem, ähem“, machte er. „Also, kleines Fräulein, was kann ich dir anbieten? Kaffee?“

„Nein danke“, antwortete Sara höflich, „ich trinke keinen Kaffee.“

„Keinen Kaffee“, seufzte Herr Salomon. „Was darf es denn sein?“

„Haben Sie vielleicht Apfelsaft?“

„Apfelsaft, Apfelsaft“, murmelte Herr Salomon, „ja natürlich Apfelsaft. Kinder trinken gern Apfelsaft. Das

hätte ich fast vergessen. Ich habe sonst nie Kinder zu Besuch. Das ist betrüblich, ich weiß so wenig von ihnen."

„Macht nichts", sagte Sara jetzt schnell. „Dann trinke ich eben etwas anderes!"

Erleichtert brachte Herr Salomon eine Kanne Tee, Tassen und Kekse herbei und setzte sich in einen altmodischen Sessel mit vielen Schnörkeln. Eine Zeit lang schwiegen sie beide, und Sara begann, sich unbehaglich zu fühlen. Sie war erleichtert, als Herr Salomon endlich zu sprechen begann.

„Deine Oma", sagte er, „war eine wunderbare Frau. Du musst sehr traurig sein. Bestimmt denkst du viel an sie." Sara nickte.

„Ja, es macht traurig, wenn man sich an jemanden erinnert, der nicht mehr da ist", fuhr Herr Salomon fort. „Aber wir müssen uns erinnern. An die, die wir lieben. An die schönen Zeiten. Und auch an die dunklen Zeiten. Erinnerung ist wichtig. Ohne Erinnerung verlieren wir unsere Vergangenheit. Und ohne Vergangenheit gibt es keine Zukunft."

Sara sah ihn ratlos an.

„Wenn jemand gestorben ist, lebt er in uns weiter." Herr Salomon machte eine kurze Pause. „Wenn wir uns an ihn erinnern, können wir seine guten Seiten weitertragen. Deshalb müssen wir an ihn denken, auch wenn es wehtut. Weißt du, ich denke oft daran, wie ich deine Oma kennengelernt habe. Das schmerzt immer ein wenig, aber ich will es nie vergessen. Wir waren noch sehr jung, als wir uns zum ersten Mal trafen, in Jerusalem, der Hauptstadt von Israel. Es ist eine uralte, heilige

Stadt. Für die Christen, weil Jesus dort gelebt hat und gestorben ist. Und für uns Juden, weil dort unser heiligster Tempel stand. Ich lebte damals in Jerusalem. Deine Oma verbrachte ihre Ferien in dieser Stadt, weil sie all die Orte sehen wollte, an denen Jesus gewesen war. Jerusalem ist eine Stadt mit vielen kleinen, verwinkelten Gassen. Man kann sich leicht in ihnen verlaufen. Deine Oma war von der Hauptstraße abgebogen, hinein in das Gewirr der Gässchen, bis sie nicht mehr hinausfand. Irgendwann setzte sie sich erschöpft auf die Stufen vor einer Haustür. Es war mein Haus, vor dem sie da saß, und als ich aus der Tür trat, stolperte ich über sie. So haben wir uns kennengelernt. Sie hatte den ganzen Tag lang nichts gegessen und war sehr hungrig. Deshalb habe ich sie in mein Lieblingsrestaurant eingeladen. An diesem Abend sind wir Freunde geworden."

Herr Salomon war aufgestanden, hatte eines der Bilder vom Bücherregal genommen und zeigte es Sara. Auf dem Foto saßen Oma und Herr Salomon beim Essen und lachten. Sie waren jung und sahen sehr glücklich aus.

„Wir haben damals den Kellner gebeten, ein Foto von uns zu machen. Und sieh mal hier, die Rose an meinem Jackett. Die hat deine Oma einfach aus der Vase aus dem Tisch genommen und mir geschenkt. ‚Sie sollten immer eine weiße Rose am Revers tragen', hat sie gesagt. Und das tue ich seit jenem Tag." Herr Salomon sah versonnen auf das Foto. „Weißt du, was ich an deiner Oma besonders gerne mochte?"

„Dass sie so freundlich war?", fragte Sara.

„Oh ja“, Herr Salomon nickte, „sie war freundlich. Und sie war wunderbar wissbegierig. Sie hatte immer Lust, etwas Neues zu entdecken. Deshalb war sie in Jerusalem auch von der Hauptstraße abgebogen. ‚Geh nicht nur die bekannten Straßen‘, sagte sie immer, ‚geh die Wege, die noch keiner ging.‘“ Herr Salomon sah Sara prüfend an. „Und du, kleines Fräulein, was willst du wissen?“

Sara musste keine Sekunde lang überlegen. „Ich will wissen, wo Oma jetzt ist.“

„Was denkst du denn?“

Sara zuckte mit den Schultern. „Ich weiß es nicht. Tommy sagt, sie ist bei Gott.“

„Das denke ich auch“, sagte Herr Salomon.

„Aber wissen Sie es wirklich? Oder glauben Sie es nur?“, forschte Sara nach.

„Du willst Beweise haben, kleines Fräulein“, stellte Herr Salomon fest. Sara nickte. „Meine Vorfahren, die haben auch nach Beweisen gesucht.“

„Und haben sie welche gefunden?“

„Das haben sie!“, antwortete Herr Salomon. „Große Beweise! Sie mussten sich dafür allerdings auf eine lange Reise machen. Sie begann vor 4000 Jahren.“

Sara will Beweise

„Abraham war ein Nomade. Er und sein Stamm hatten kein festes Zuhause, sondern zogen durchs Land, immer dorthin, wo es Futter für ihre Tiere und Wasser gab. Abraham war ein einfacher Mann, aber etwas Besonderes war an ihm: Er glaubte, dass es nur einen einzigen Gott gäbe. Das war ungewöhnlich, denn zu seiner Zeit verehrten die Menschen viele Götter zugleich.

Eines Tages sagte Gott dann zu Abraham: ‚Ich habe ein Geschenk für dich! Ich werde dich und deinen Stamm in ein wunderschönes Land führen, wo es euch richtig gut gehen wird. Ich werde dafür sorgen, dass ihr ein ganz großes Volk werdet, und euch immer beschützen.‘

Da war Abraham froh. Das Nomadenleben war mühsam, und er sehnte sich nach einem festen Zuhause. Er zog los, mit all seinen Leuten, bis sie tatsächlich in ein wunderbares, fruchtbares Land am Meer kamen. Das Land hieß Kanaan. Heute heißt es Israel. Das ist nämlich der Name, den Gott seinem Volk, den Kindern Abrahams, Isaaks und Jakobs gab. Israel heißt: ‚Gott streitet für uns‘.

Abraham starb, aber sein Stamm wurde immer größer, und alles war so, wie Gott gesagt hatte. Er hatte dem Volk Israel bewiesen, dass es ihn wirklich gab.

Viele Jahre später gab es allerdings eine Hungersnot in Kanaan. Und die Nachkommen Abrahams, die Söhne Jakobs, gingen nach Ägypten. Einer ihrer Brüder, der Joseph hieß, war der oberste Beamte des Pharaos, des Herrschers über ganz Ägypten. Der Pharao mochte die Israeliten und ließ sie friedlich in seinem Land leben. Aber dann starb der alte Pharao und ein neuer kam an die Macht. ‚Was ist, wenn dieses Volk Israel auf die Idee kommt, mich zu bekämpfen?‘, dachte der neue Pharao. ‚Ich muss diese Leute unterdrücken, sonst werden sie gefährlich!‘

Fortan ging es Abrahams Leuten sehr schlecht. Die Ägypter machten sie zu ihren Sklaven und ließen sie Städte und Pyramiden bauen. Aber der Pharao war immer noch nicht zufrieden. Es passte ihm nicht, dass die Israeliten so viele Kinder bekamen: ‚Wenn diese kleinen Jungs erwachsen sind, wird einer von ihnen mich töten wollen!‘ Eines Tages hatte er eine schreckliche Idee. ‚Nehmt den Sklaven ihre Babys weg!‘, befahl er seinen Soldaten. ‚Tötet all ihre neugeborenen Söhne! Lasst keinen entwischen!‘ Und so geschah es.“

„Aber“, unterbrach Sara, „warum hat Gott seinem Volk denn nicht geholfen?“

„Er hat geholfen“, entgegnete Herr Salomon. „Eine Sklavin schaffte es nämlich, ihr Baby zu retten. Sie legte es in einen Korb und versteckte es im Schilf von Ägyptens großem Fluss, dem Nil. Wenig später wollte die Tochter des Pharaos im Nil baden und fand das Baby. Weil sie selbst keine Kinder hatte, freute sie sich sehr, und sie nahm den Kleinen mit nach Hause. Sie nannte ihn Mose. Das bedeutet ‚aus dem Wasser gezogen‘. Mose hatte ein feines Leben und wusste nicht, dass er eigentlich zum Volk Israel gehörte. Bis er eines Tages im Zorn einen Ägypter tötete, der zuvor einen Israeliten geschlagen hatte. Da musste Mose fliehen. In der Wüste, in die er geflohen war, erlebte er etwas Seltsames. Mitten auf einem Feld begann vor ihm ein trockener Busch zu brennen, aus dem eine Stimme sprach: ‚Rette dein Volk! Sag dem Pharao, er solle alle Sklaven freilassen. Und dann zieh mit ihnen fort. Ich werde euch zurück nach Kanaan führen!‘

‚Aber wer bist du?‘, fragte Mose ängstlich.

‚Ich bin, der ich bin!', sagte die Stimme. ‚Und jetzt hab keine Angst, sondern tu, was ich dir gesagt habe. Ich bin bei dir!'"

Herr Salomon nahm eine Zeitung vom Tisch und schrieb einige Buchstaben auf ihren Rand.

„J, H, W, E", las Sara. „Was heißt das?"

„Das ist Hebräisch, die Sprache der Israeliten", erklärte Herr Salomon. „Man spricht es ‚Jahwe' aus. Es bedeutet: ‚Ich bin, der ich bin.' Das ist unser Name für Gott. Mit diesem Namen ging Mose damals zum Pharao und befahl ihm, alle Sklaven freizulassen.

‚Du bist ja wohl verrückt!', sagte der Pharao nur und lachte Mose aus. Da wurde Gott wütend und erbrachte den Beweis, dass es ihm ernst war. Er verwandelte das Nilwasser in Blut. Es stank entsetzlich, und alle Fische starben. Sieben Tage lang ging das so. Aber dem Pharao war es egal. Es kümmerte ihn auch nicht, dass Gott als Nächstes Millionen schleimiger, quakender Frösche durch das ganze Land hüpfen ließ. ‚Na und? Meine Sklaven bleiben hier!', blieb der Pharao ungerührt. Da sandte Gott Milliarden Mücken und noch einmal so viele Stechfliegen. Danach starben alle Tiere der Ägypter an einer unheimlichen Krankheit. Als der Pharao sich weiterhin weigerte, das Volk Israel freizulassen, bekamen alle Ägypter eine böse Hautkrankheit. Und ein mächtiger Hagel zerschlug alles, was auf den Feldern gewachsen war. Gott schickte riesige Heuschreckenschwärme, die das Land kahl fraßen. Und schließlich ließ er es für drei Tage in Ägypten stockfinster werden.

‚Lass uns endlich gehen', warnte Mose den Pharao ein letztes Mal, ‚sonst wird unser Gott den Ägyptern noch etwas viel, viel Schlimmeres antun.'

‚Pah, ich habe keine Angst vor deinem Gott!', rief der Pharao aus.

Jetzt wurde Jahwe wirklich zornig. ‚In der nächsten Nacht', sprach er zu Mose, ‚werde ich in jedem Haus den ältesten Sohn töten. Jeder von euch soll ein Lamm schlachten und mit dem Blut den Türrahmen draußen anstreichen. So weiß ich, wo ihr wohnt, und kann euch verschonen.'

Als Gott in dieser Nacht durchs Land ging und die Söhne der Ägypter tötete, gab der Pharao auf. Er ließ die Israeliten frei, und sie machten sich auf den Weg. Zurück nach Kanaan.

Der Weg durch die Wüste war lang und schwer. Bald wurde das Volk unzufrieden. Es wusste nicht mehr, ob Jahwe überhaupt noch bei ihm war. Die Menschen wollten neue Beweise. Irgendwann konnte Mose sie nicht mehr beruhigen. ‚Dein Volk beschwert sich!', rief er verzweifelt zu Gott. ‚Was soll ich ihm sagen?'

‚Sag ihnen, dass ich ihr Herr bin. Sag ihnen, dass sie meine Gebote befolgen sollen.' Und dann schrieb Jahwe mit flammenden Blitzen die Zehn Gebote auf zwei große Steintafeln:

1. **Ich bin der Herr, dein Gott!**
2. **Glaub nur an mich und versuche nicht, dir vorzustellen, wie ich aussehe!**
3. **Rede niemals schlecht über mich!**
4. **Ruhe dich am siebten Tag der Woche aus und tue nichts anderes, als an mich zu denken!**

5. **Sei gut zu deinen Eltern: Du sollst Vater und Mutter ehren!**
6. **Du sollst nicht töten!**
7. **Sei dem, den du liebst, immer treu!**
8. **Stehle nicht!**
9. **Lüge nicht!**
10. **Sei nicht neidisch darauf, was andere haben!**

Nachdem die Israeliten diesen Beweis bekommen hatten, wussten sie ganz sicher, dass es Gott wirklich gab. Gott führte sie durch die Wüste in das versprochene Land: Kanaan, das Land, das so reich war, dass ‚Milch und Honig flossen'. Aber es war eine kriegerische Zeit. Es gab andere Völker, die auch in Kanaan leben wollten. Die Israeliten mussten mit ihnen kämpfen. Schließlich bauten sie ihrem Gott einen Tempel in der Stadt Jerusalem. Von dem blieb bis heute nur eine einzige Mauer stehen. Wir nennen sie unsere Klagemauer. Wenn ein Jude Sorgen oder Wünsche hat, kann er sie auf einen Zettel schreiben und in die Mauerritzen der alten Tempelmauer stecken."

„Und dann geht der Wunsch in Erfüllung?", wollte Sara wissen.

„Wenn Gott es so will ...", lächelte Herr Salomon.

„Ich versteh das nicht", meinte Sara. „Erst sagt Gott, er will den Juden ein Land zeigen, in dem sie immer bleiben können. Dann müssen sie da wieder weg, weil es eine Hungersnot gibt. Danach müssen sie Sklaven in Ägypten sein, und ihre Babys werden ermordet. Und als sie wieder zu Hause sind, werden sie schon wieder verjagt. Ich denke, Gott wollte sie immer beschützen? Das hat er aber nicht gemacht!"

„Trotzdem bleiben wir Gott treu. Er hat gesagt: ‚Ihr seid mein Volk!‘ Das vergessen wir nie, daran glauben wir. Jahwe und wir gehören zusammen. Für immer und ewig. Nichts und niemand konnte uns jemals trennen. Auch nicht das Schlimmste, das uns je angetan wurde.“

„Und was war das Schlimmste?“, fragte Sara neugierig.

Herr Salomon sah mit einem Mal sehr müde und ernst aus. „Es geschah, als ich ein kleiner Junge war. Da wurden hier in Deutschland fast alle Juden getötet.“ Er deutete auf die Fotos im Zimmer. „Meine ganze Familie ist ermordet worden.“

„Aber warum?“, fragte Sara entsetzt.

„Vielleicht nur deshalb, weil sie anders waren. Sie hatten einen anderen Glauben, sie feierten andere Feste und sangen andere Lieder.“

„Deshalb kann man doch nicht einfach jemanden ermorden“, protestierte Sara.

„Das stimmt. Aber zu jener Zeit gab es in Deutschland eine politische Partei, sie nannten sich Nationalsozialisten. Sie haben den Juden die Schuld daran gegeben, dass es Deutschland damals nicht gut ging. Viele, allzu viele Deutsche haben ihnen das geglaubt. ‚Wären die Juden nicht da‘, dachten sie, ‚ginge es uns besser.‘ So wurden Millionen Juden umgebracht.“

„Und Gott hat nichts dagegen getan?“

Herr Salomon schwieg. „Das war nicht seine Aufgabe“, meinte er schließlich. „Er hatte den Menschen die Zehn Gebote gegeben. Er hatte ihnen gesagt, wenn sie sich daran halten würden, ginge es ihnen gut. Aber die Menschen haben sich für das Böse entschieden. Das Morden hatte damals erst ein Ende, als Deutschland auch noch einen Krieg anfing und ihn verlor. Hinterher haben die Sieger gemeinsam etwas beschlossen: Nun sollten die Juden ein eigenes Land bekommen. Eines, in dem sie in Frieden leben können. Das Land Israel, das alte Kanaan.“

„Dann sind sie ja jetzt endlich in dem Land, in das sie immer wollten“, stellte Sara fest.

Herr Salomon nickte betrübt. „Nur haben sie dort leider keinen Frieden gefunden. Denn in Israel lebten inzwischen andere Menschen, die Palästinenser. Die wollten natürlich nicht einfach so weggehen. Deshalb bekämpfen sich die Palästinenser und die Juden bis heute. Wir hoffen darauf, dass Jahwe uns helfen wird. So, wie er es Mose versprochen hat. ‚Seid gut zueinander, dann schicke ich euch eines Tages einen König, der euch Frieden bringt‘, das waren seine Worte. “

„Und wann kommt dieser König?“, wollte Sara wissen.

„Wir warten“, lächelte Herr Salomon, „und solange wir warten, sagen wir ‚Shalom‘. Jedes Mal, wenn wir uns begrüßen oder verabschieden. ‚Shalom‘ heißt Frieden. An den erinnern wir uns jeden Tag. Genauso wie wir nie vergessen werden, dass Gott uns aus Ägypten geführt und die Freiheit geschenkt hat.“

Jahwes Gesetze und die Freiheit

Eindringlich blickte Herr Salomon Sara an. „Weißt du, was man mit Freiheit macht, kleines Fräulein?“

Sara überlegte. Das war eine komische Frage. „Wenn man frei ist, macht man einfach, was man will“, sagte sie schließlich.

„Richtig. Du und ich und alle freien Menschen können tun und lassen, was wir wollen, Gutes oder Böses. Wir können uns jeden Tag neu entscheiden. Wir können auch frei wählen, ob wir an Gott glauben wollen oder nicht. Aber wenn wir uns für ihn entscheiden, müssen wir uns auch an seine Zehn Gebote halten. Das tun die Juden genauso wie die Christen. Die Juden haben sogar noch 613 Gesetze mehr, die sie befolgen sollen.“

„613?“, wiederholte Sara erstaunt. „Was sind das denn alles für Gesetze?“

„Das sind im Wesentlichen Reinheits- und Speisegebote. Zum Beispiel geht es darum, was wir essen dürfen und was nicht. Und wie wir das Essen zubereiten sollen. Es muss alles koscher sein. Das heißt ‚rein‘. Es ist zum Beispiel die Regel, dass man niemals Milch und Fleisch zusammen isst. Wenn man ein Wurstbrot isst, darf man also keine Milch dazu trinken. Man darf auch keinen Cheeseburger essen. Denn der Burger ist aus Fleisch. Und der Käse auf dem Burger ist aus Milch gemacht. Fleisch und Sachen aus Milch dürfen noch nicht einmal vom gleichen Teller gegessen werden.“

„Aber warum denn nicht?“

„Es sind uralte Gebote, die sich aus der Lebensweise in

alter Zeit erklären. Ich weiß nicht genau, warum es sie gibt, aber das ist auch nicht wichtig. Wichtig ist nur, dass man Gottes Gesetze ernst nimmt. Auch wenn man sie nicht immer hundertprozentig versteht. Er meint es immer gut mit dem Menschen."

„Und machen Sie das alles? Essen Sie nie Fleisch und Milch zusammen?"

„Doch", sagte Herr Salomon. „Ich glaube nämlich, dass Gott mir meine Freiheit geschenkt hat, damit ich selbst entscheide, ob ich koscher essen will oder nicht. Für mich persönlich ist koscheres Essen nicht so wichtig. Aber für viele andere Juden schon. Genau wie der Sabbat. Das ist der Tag, an dem Gott sich ausruhte, nachdem er die Welt erschaffen hatte. An diesem Tag sollen wir auch ausruhen. Der Sabbat ist ein schöner Feiertag. Man isst mit seiner Familie oder mit Freunden, betet, aber sonst soll man eigentlich gar nichts tun. Man soll keinen Ausflug machen und nicht arbeiten oder einkaufen gehen. Wenn man ein ganz frommer Jude ist, darf man auch nichts schreiben und noch nicht einmal das Licht anstellen. Man soll alles bleiben lassen, was man sonst so tut, und nur an Gott denken."

„Dann machen Sie also nie Licht an am Sabbat?", fragte Sara.

Herr Salomon schüttelte den Kopf. „Ich bete am Sabbat und esse zusammen mit meinen Freunden. Aber ich denke nicht, dass Jahwe etwas dagegen hat, wenn ich abends das Licht einschalte."

Er beugte sich zum Schränkchen neben sich, holte etwas aus einer der Schubladen und reichte es Sara. Es war ein kleines Notizbuch, das kostbar aussah. Sein Umschlag war aus blau schimmernder Seide mit einem strahlenden weißen Stern in der Mitte.

„Ein weißer Stern auf blauem Grund“, erklärte Herr Salomon. „Das ist die Fahne Israels. Sieh mal, der Stern: Das sind eigentlich zwei Dreiecke. Das eine zeigt mit seiner Spitze nach unten, vom Himmel zu uns Menschen. Das andere Dreieck zeigt nach oben, von den Menschen zu Gott. Wir und Gott sind immer miteinander verbunden.“

Sara wollte Herrn Salomon das Buch zurückgeben.

„Nein, nein!“, wehrte er ab. „Das ist für dich. Aus Jerusalem. Für deine Erinnerungen. Und für deine Fragen. Schreib darin alles auf, was dir wichtig ist. Wenn du dann groß bist, kannst du dich an die kleine Sara erinnern und deinen Kindern von ihr erzählen.“

Es war schon spät geworden. Als Sara ging und an der Wohnungstür stand, fiel ihr noch etwas ein.

„Oma hat mir geschrieben: *Gott wohnt auf dem Dach.* Wissen Sie, welches Dach sie meinte?“

Herr Salomon runzelte nachdenklich die Stirn. „Auf dem Dach?“, murmelte er. „Das ist interessant. Es gibt da ein Gebirge, das Himalaya-Gebirge in Tibet. Man nennt es auch das Dach der Welt.“

„Und war Oma da einmal?“, forschte Sara.

Er schüttelte den Kopf. „Nein, das weiß ich ganz sicher.“

Ratlos verabschiedete Sara sich.

„Shalom“, winkte Herr Salomon ihr hinterher. „Shalom, kleines Fräulein.“

An diesem Abend schrieb Sara zum ersten Mal in ihr neues Notizbuch.

Oma ist tot. Ich verstehe nicht, warum Gott ihr nicht dabei geholfen hat, gesund zu werden. Sie war der liebste Mensch auf der Welt. Ich will so gerne wissen, wo sie ist. Tommy hat gesagt, sie ist bestimmt im Himmel.

Dann war ich noch bei Herrn Salomon. Seine ganze Familie wurde umgebracht, nur weil sie Juden waren. Gott hat ihnen nicht geholfen, aber Herr Salomon glaubt trotzdem noch an ihn. Genau wie Tommy. Ich hab das neulich auch versucht. Ich hab gebetet, dass Gott mir mal ein Zeichen von Oma schickt. Aber es hat nicht geklappt.

Viele Grüße,
Sara

Am nächsten Tag fuhr Sara mit ihrer Mutter in Omas Wohnung.

„Bist du dir ganz sicher, dass du mitkommen willst?“, hatte Saras Mutter vorher gefragt. „Vielleicht macht es dich traurig.“

„Das ist egal.“ Sara dachte daran, was Herr Salomon ihr erzählt hatte. Erinnerung kann traurig machen, aber sie ist wichtig.

Nun stand ihre Mutter in Omas Schlafzimmer vor dem offenen Kleiderschrank und seufzte. Da hingen Omas Lieblingskleid, ihre weiche Wolljacke und der feine Rock, den sie zuletzt an Saras Geburtstag getragen hatte. Saras

Mutter begann, alles herauszunehmen und zusammenzulegen.

„Wohin kommen die Sachen denn jetzt?“, fragte Sara beklommen.

„Wir brauchen sie nicht mehr, wir spenden sie. Es gibt viele arme Leute, die sich darüber freuen. Das würde Oma bestimmt für richtig halten.“

Sie holte eine offene Schachtel aus dem Schrank hervor und blickte hinein. „Aber das hier, das behalten wir. Schau mal, ob du etwas davon haben möchtest.“

Die Schachtel war voller feiner, leichter Seidentücher und Ansteckblumen aus Stoff. Sara zog einen zarten blauen Schal heraus und schnupperte an ihm. Er roch ganz leise nach Omas Parfum. Unter dem Schal lag eine Stoffblüte, es war eine weiße Rose. Sara musste kein bisschen überlegen. Sie nahm den Schal und die Rose, ging hinaus auf den Hausflur zur Tür von Herrn Salomon und klingelte.

„Shalom, kleines Fräulein!“, grüßte Herr Salomon überrascht, als er öffnete. „Da bist du ja wieder. Was kann ich für dich tun?“

Sara hielt ihm den Schal und die Blüte entgegen. „Shalom“, sagte sie, „das ist für Sie. Von Oma. Zur Erinnerung.“

GUNDI UND DER BUDDHISMUS

Die Sache mit den Wünschen

In den kommenden Tagen holte Sara immer wieder ihr Notizbuch hervor und schrieb an ihrer Liste. Es war eine Liste von all dem, das sie zusammen mit Oma erlebt hatte, von all den Dingen, die sie an Oma geliebt hatte.

Dem Regen zuhören.
Im Kino eine Riesenportion salziges Popcorn essen.
Immer freundlich sein.
Die besten Torten der Welt.
Im Zoo den Tieren neue Namen geben.
Bei Oma übernachten und den ganzen Sonntag im Pyjama bleiben.
Wiener Schnitzel essen.
Gesellschaftsspiele spielen.
Saubere Schuhe.
Werbung raten.
Geschichten von früher erzählen.
Niemals schimpfen.
Von ihr getröstet werden.
Zusammen kuscheln.

Sara schrieb und schrieb. Auch wenn das Erinnern sie traurig machte – sie wollte nichts vergessen.

Am Ende der Woche war Sara mit Omas Freundin Gundi verabredet. Sie wohnte nur ein paar Straßen von Sara entfernt.

Eine so leere, aufgeräumte Wohnung wie die von Gundi hatte Sara noch nie gesehen. Gundi führte Sara herum und zeigte ihr alles. Im Schlafzimmer gab es nichts außer einem sehr schmalen Kleiderschrank und einer dünnen Matratze auf dem Boden. Im Wohnzimmer lagen nur ein paar weiße Kissen um ein großes rundes Tablett herum. Nirgendwo war irgendein Krimskrams zu sehen, und an den weißen Wänden hingen auch keine Bilder. Nur in der Küche klebte ein einziges Foto am Kühlschrank, ein Foto von Oma und Gundi. Auf dem Bild waren beide noch ganz jung. Oma hielt eine prächtige Torte in den Händen und sah sehr stolz aus.

„Das war die erste Torte, die deine Oma verkauft hatte", sagte Gundi, während sie Tee machte, „eine Erdbeer-Sahne-Torte mit selbst gemachten Marzipanröschen."

Sara dachte an die Torten, die Oma ihr gebacken hatte, und wurde traurig.

Gundi merkte es sofort. „Tee", rief sie und führte Sara ins Wohnzimmer. „Du brauchst einen guten Tee. Einen Tee, wie ihn deine Oma liebte. Heiß und süß."

Während Gundi den Tee einschenkte, blickte sich Sara um. Entlang der Wand lagen ein paar sehr ordentliche Bücherstapel, und auf dem Tablett vor den Kissen standen drei dicke weiße Kerzen. Mehr gab es nicht zu sehen. Sara musste an Herrn Salomons kleine vollgeräumte Wohnung und an die vielen Fotos denken. Und an Omas gemütliches Wohnzimmer mit all den Pflanzen, Andenken und kleinen Porzellanfigürchen.

„Es ist ein bisschen leer hier, stimmt's?", fragte Gundi freundlich.

Sara nickte verlegen.

„Ich hatte mal mehr Möbel und allen möglichen Kleinkram. Ich habe immer überlegt, wie ich es wohl noch hübscher haben könnte und was ich noch alles gebrauchen könnte. Bis ich eines Tages einfach alles rausgeworfen habe. Jetzt habe ich meine Ruhe. Ich muss nicht mehr darüber nachdenken, ob ich andere Vorhänge haben möchte oder ein neues Sofa. Sehr angenehm ist das!"

Seltsam, fand Sara und schlürfte den Tee. Er roch nach Blumen und schmeckte nach Sommer.

„Wir haben immer zusammen Tee getrunken", plauderte Gundi weiter, „deine Oma und ich. Und dann haben wir, ach nein!" Sie schlug sich mit der Hand auf den Mund und seufzte. „Nein wirklich, so geht das nicht. Ich fange schon wieder an, zu viel zu reden. Dabei möchte ich doch wissen, wie es dir geht."

„Nicht so gut", murmelte Sara, „Oma fehlt mir so. Ich möchte, dass sie mal was zu mir sagt. Ich möchte wissen, wo sie jetzt ist."

„Was glaubst du denn?", fragte Gundi.

„Im Himmel vielleicht? Bei Gott? Jedenfalls sagt Tommy das."

„Jeder soll glauben, was er für richtig hält", stellte Gundi fest. „Das hat deine Oma immer gesagt. Sie hat an Gott und das Paradies im Himmel geglaubt, wie Tommy. Ich denke, es ist ein bisschen anders."

„Und wie?", wollte Sara wissen.

„So", sagte Gundi und zündete eine der Kerzen vor ihnen an. „Stell dir vor, diese Kerze ist ein Mensch. Das

Kerzenlicht ist sein Lebensflämmchen, seine Seele oder sein Geist. Es leuchtet das ganze Leben lang. Bis der Mensch eines Tages stirbt. Dann geht die Flamme aus. Und jetzt ...", sie nahm die Kerze und zündete mit ihr eine zweite an. Als sie brannte, pustete Gundi die erste Kerze aus. „Die erste Kerze ist erloschen", fuhr sie fort, „aber sie hat ihr Licht an eine andere weitergegeben. Ich glaube, so ist es auch mit unserer Seele. Wenn ein Mensch stirbt, springt ein Fünkchen von ihm in einen neuen Menschen über. In einen, der gerade geboren wird."

„Wie?", fragte Sara verwirrt. „Du meinst, Oma kommt noch mal auf die Welt? Als Baby?"

Gundi schüttelte den Kopf. „Nein, nicht die Oma, wie du sie kennst. Nur ein Fünkchen von ihrem Geist. So ein kleiner Funken, der noch eine Aufgabe zu erledigen hat."

Sara sah Gundi ratlos an. „Was für eine Aufgabe?"

„Eine Aufgabe, die jeder Mensch hat. Man soll versuchen, keinen einzigen Wunsch mehr zu haben."

„Wieso? Das ist doch nicht schlimm, wenn man sich was wünscht."

„Schlimm ist es nicht", meinte Gundi, „es ist nur ein Problem. Denn wenn man sich etwas wünscht und es nicht bekommt, ärgert man sich. Und während man sich ärgert, ist man nicht friedlich. Aber genau das sollte unser Ziel sein: friedlich zu sein. Das schafft allerdings kaum jemand in einem einzigen Leben. Deshalb darf unser Geist es nach dem Tod noch einmal in einem neuen Leben versuchen. Sein kleiner Seelenfunke wandert immer weiter. Bis er in einem Menschen angekommen ist, der sich wirklich gar nichts mehr wünscht und über nichts mehr aufregt. Dann kann das Flämmchen endlich ganz ausgehen, und der Mensch kommt ins Nirwana. Nirwana bedeutet ‚erlöschen'. Der kleine Funke erlischt, und alles, das man vorher jemals wichtig gefunden hatte, erlischt auch. Danach ist es so, wie wenn du ganz, ganz glücklich bist. Wunschlos glücklich und noch viel, viel glücklicher."

„Oma hat sich jedenfalls nie aufgeregt", sagte Sara. „Sie war immer nur friedlich."

Gundi lächelte. „Vielleicht hat deine Oma es tatsächlich geschafft. Aber vielleicht hatte sie doch noch ein paar Wünsche."

„Ganz ohne Wünsche geht es ja auch gar nicht", warf Sara ein, „wenn man was verloren hat zum Beispiel. Dann will man es schließlich wiederfinden. Oder wenn jemand gemein zu einem ist. Dann wünscht man sich, dass er damit aufhört. Oder wenn jemand gestorben ist. Dann will man, dass er wieder lebt. Das schafft kein Mensch, sich gar nichts zu wünschen."

„Doch", widersprach Gundi, „einer auf jeden Fall!"

Buddha, Vier Edle Wahrheiten und ein Achtfacher Pfad

Und Gundi erzählte:

„Es war einmal ein Königssohn in Indien. Er hieß Prinz Siddhartha Gautama und lebte in einem prachtvollen Palast. Er hatte alles, was er sich wünschte, und nur ein einziges Problem: Siddhartha durfte den Palast niemals verlassen. Sein Vater wollte nämlich nicht, dass sein Sohn sah, was draußen in der Welt vor sich ging. Siddhartha sollte keine armen oder kranken oder traurigen Menschen sehen und sich Gedanken darüber machen müssen, er sollte immer ohne Sorgen sein.

Als der Prinz erwachsen war, hielt er es aber nicht mehr aus. Er bedrängte seinen Vater so lange, bis der ihm endlich erlaubte, ein einziges Mal hinauszugehen. Er gab ihm einen Diener mit, dann fuhr der Prinz in einer prächtigen Kutsche los und staunte: Zum ersten Mal sah er so viele Menschen und Häuser. Siddhartha war begeistert, da entdeckte er einen alten Mann, der mühsam am Stock ging.

‚Was hat er denn?', fragte der Prinz erschüttert seinen Diener.

‚Der Mann ist alt', wurde ihm erklärt, ‚das ist ganz normal. Jeder wird irgendwann einmal alt und schwach.'

Das hatte Siddhartha nicht gewusst. Sein Vater hatte nämlich dafür gesorgt, dass es keine alten Menschen im Palast gab.

Am nächsten Tag bestand Siddhartha darauf, noch eine Ausfahrt zu machen. Dieses Mal begegnete er einem kranken Mann. Es war der erste kranke Mensch, den Siddhartha in seinem Leben sah. Sein Vater hatte auch jeden, der krank war, sofort aus dem Palast bringen lassen.

‚Jeder kann einmal krank werden', sagte Siddharthas Diener. ‚Das ist ganz normal.'

Obwohl Siddhartha nun völlig durcheinander war, verließ er am nächsten Tag wieder den Königshof. Bei dieser dritten Ausfahrt sah er eine Beerdigung. ‚So ist das eben', sagte sein Diener, ‚jeder muss irgendwann sterben.'

In dieser Nacht konnte Siddhartha nicht schlafen. ‚Wie schrecklich ist das alles', dachte er unglücklich. ‚Die Menschen werden alt und krank und müssen sterben. Das ganze Leben ist ja nichts als Leiden!'

Am nächsten Morgen setzte er sich wieder in seine Kutsche und fuhr ratlos umher. Schließlich begegnete er einem Mönch. Der Mönch war unglaublich dünn und trug nur ein Tuch um die Hüften. Aber er strahlte vor Zufriedenheit. ‚So will ich werden', dachte der Prinz, als er wieder im Palast war. ‚Ich will nicht mehr traurig sein wegen all der schlimmen Sachen auf dieser Welt. Ich will auch so ein zufriedener Mönch werden.'

Und so schlich er sich heimlich fort, schnitt sich seine Haare ab, zog ein Mönchsgewand an und wanderte in einen einsamen Wald. Dort lebte er sechs Jahre lang. Er schlief auf dem harten Boden, aß und trank fast nichts und saß den ganzen Tag lang schweigend da. Manchmal versuchte er, nicht mehr zu schlafen oder nicht mehr zu atmen. ‚Wenn ich das alles aushalte', so dachte der Königssohn, ‚dann finde ich auch heraus, warum es all das Leid auf der Welt gibt – und wie ich es beenden kann!'

So lebte er Jahr für Jahr und wartete auf die große Antwort.

Siddhartha wäre fast verhungert. ‚So funktioniert das nicht', sagte er sich da, ‚wenn es meinem Körper schlecht geht, geht es auch meinem Geist nicht gut. Und wenn es meinem Geist nicht gut geht, werde ich niemals eine Antwort finden.‘

Danach aß und trank Siddhartha erst einmal ordentlich und schlief sich aus. Als er sich wieder kräftig genug fühlte, setzte er sich unter einen großen Feigenbaum an einem Fluss. Es war ein schöner, stiller Ort. Das Wasser plätscherte leise, manchmal rauschten die Blätter des Baumes, und Siddharta wurde ganz ruhig: ‚Hier ist es wunderbar, hier versuche ich es noch einmal. Ich bleibe sitzen, bis ich weiß, warum die Menschen leiden und wie sie wieder glücklich werden können.‘

Da saß er nun, wartete und meditierte. Er konzentrierte sich darauf, nichts zu denken. Bis er so versunken in sich war, dass ihn nichts und niemand mehr stören konnte. Eines Morgens geschah es dann, die Antwort auf seine Fragen war da. Sie leuchtete in ihm wie die Sonne. Von diesem besonderen Moment an nannte sich der Prinz ‚Buddha‘, denn dieser Name bedeutete ‚der Erleuchtete‘. Der Königssohn verspürte keinen einzigen Wunsch mehr und war unendlich glücklich. Eigentlich hätte er jetzt ins Nirwana kommen können. Aber er entschied sich, auf der Erde zu bleiben. Er wollte allen Menschen von seiner Erkenntnis erzählen. Buddha nannte sie die **Vier Edlen Wahrheiten:**

1. **Kein Mensch kann immer glücklich sein.**
2. **Wir sind nur deshalb unglücklich, weil wir uns immer etwas wünschen. Weil wir nie zufrieden sind mit dem, was wir haben.**

3. **Wenn wir mit dem ewigen Habenwollen aufhören, werden wir glücklich sein.**
4. **Es gibt einen Weg zum Glücklichsein. Er heißt der Edle Achtfache Pfad.**

Dieser Achtfache Pfad sagt einem, was man tun und lassen soll."

Sara fiel ein, was Herr Salomon ihr erzählt hatte. „In den Zehn Geboten steht auch, was man tun soll und dass man nicht stehlen und nicht töten darf."

Gundi nickte: „Jede Religion sagt den Menschen, dass sie friedlich leben sollen. Der Edle Achtfache Pfad zeigt Buddhas Weg zur Aufhebung des Leidens.

Der erste Teil heißt **Rechte Erkenntnis:** Man soll an das glauben, was Buddha gesagt hat.

Der zweite Teil **Rechtes Denken:** Man soll über niemanden etwas Schlechtes denken.

Der dritte **Rechte Rede:** Man soll nicht lästern und nicht lügen.

Der vierte **Rechtes Handeln:** Man darf nicht stehlen und nicht töten.

Der fünfte **Rechtes Leben:** Man soll einen friedlichen Beruf haben. Man darf zum Beispiel keine Tiere töten oder ihr Fleisch verkaufen.

Sechstens geht es um **Rechtes Streben:** Man soll versuchen, nicht immer noch mehr haben zu wollen.

Siebtens um **Rechte Achtsamkeit:** Man soll alles, was man tut, ganz sorgfältig und sehr aufmerksam tun.

Und achtens um **Rechte Sammlung:** Man soll meditieren. So wie Buddha unter seinem Baum."

„Wenn alle Religionen das Gleiche fordern, wieso findest du ausgerechnet Buddha gut? Wieso nicht lieber Gott oder Jahwe?“

Gundi überlegte eine ganze Weile. „Buddha hat mal gesagt: ‚Ich bin kein Gott. Glaubt nicht an mich. Glaubt höchstens an meine Worte. Und dann findet selber raus, was gut für euch ist.‘ Das war genau richtig für mich. Außerdem hat mir das Meditieren gefallen. Ich habe es ausprobiert und gemerkt, dass es mir guttut. So, wie deiner Oma das Beten gutgetan hat.“

„Ist Meditieren denn besser als Beten?“, fragte Sara.

„Nicht besser“, antwortete Gundi, „es ist etwas ganz anderes. Beim Beten denkst du an Gott. Beim Meditieren versuchst du, gar nichts zu denken. Du versuchst, deinen Geist zu beruhigen.“

„Aber warum soll ich ihn beruhigen?“

„Weil dein Geist eine ziemlich große Sache ist. Er ist immer am Denken und Fühlen. Er wird wütend, wenn du dich ärgerst. Er wird traurig, wenn etwas Schlimmes passiert. Er ist glücklich, wenn deine Welt in Ordnung ist. Er ist die ganze Zeit beschäftigt. Wenn du es schaffst, ihn ruhig zu machen, verschwinden deine Sorgen, und du fühlst dich besser. Komm, ich zeig’s dir mal!“

Wie Oma die Keksfabrik losließ

Gundi setzte sich im Schneidersitz auf den Teppich und klopfte neben sich auf den Boden. „Los!“, forderte sie Sara auf. „Setz dich genauso hin wie ich.“ Sara wusste nicht so recht, aber sie wollte nicht unhöflich sein. Deshalb setzte sie sich neben Gundi nieder. „Jetzt legst du die Hände in den Schoß“, erklärte Gundi weiter, „wie zwei offene Schalen. Lass deinen Kopf ein bisschen sinken und schließ die Augen.“

Sara tat alles so, wie Gundi ihr gesagt hatte.

„Und nun zählst du deinen Atem. Wenn du einatmest, zählst du ‚eins‘. Wenn du das nächste Mal einatmest, zählst du ‚zwei‘ und immer so weiter. Nur das Einatmen zählen! Wenn dir ein Gedanke dazwischenkommt, fängst du einfach von vorne an.“

Es war ganz ruhig im Zimmer. Sara atmete und zählte. ‚Eins, zwei, drei ... ganz schön still‘, dachte Sara, ‚ganz schön komisch.‘ Ihr ging Camille durch den Kopf und Oma und das Diktat morgen. Sie verscheuchte ihre Gedanken und zählte von vorne los. ‚Eins, zwei, drei, vier ...‘, sie zählte, da fing plötzlich ihr Bauch zu knurren an. ‚Hunger‘, dachte Sara und machte die Augen auf, ‚großer Hunger!‘

Gundi saß weiter friedlich da und atmete tief ein und aus. Erst als Saras Magen noch einmal viel lauter knurrte, öffnete sie die Augen.

„Wie unhöflich von mir, dir nichts anzubieten!“, rief sie, lief in die Küche und brachte einen Käsekuchen herbei.

„Das ist nicht leicht, das mit dem Meditieren“, meinte Sara, während sie gierig den Kuchen aß. „Beten ist einfacher.“

Gundi lachte. „Es klappt nicht gleich beim ersten Mal. Man muss es üben. Dann schafft man es irgendwann, vielleicht nur für ein paar Sekunden. Aber dann weißt du für einen kurzen Moment, wie glücklich Buddha sich unter seinem Baum gefühlt hatte.“

Sara hatte ihren Kuchen aufgegessen, und Gundi bot ihr noch ein Stück an.

„Der ist richtig gut“, lobte Sara.

„Selbst gebacken, nach einem Rezept von deiner Oma.“

„Ich will auch so gut backen können, wenn ich groß bin“, beschloss Sara.

„Sehr gut!“, meinte Gundi. „Für deine Oma war das Backen die schönste Arbeit der Welt. Sie war wirklich glücklich in ihrer Konditorei. Vorher hatte sie in einer Keksfabrik gearbeitet, und das war nicht halb so lustig.“

„In einer Keksfabrik?“, wunderte Sara sich. „Das hab ich gar nicht gewusst.“

„Sie hat an einem Fließband gestanden und Kekse eingepackt“, berichtete Gundi. „Tausende von Keksen jeden Tag. Es war keine besonders schöne Arbeit, aber deine Oma war trotzdem zufrieden. Bis sie eines Tages nicht mehr gebraucht wurde. Die Fabrik bekam eine Packmaschine, die viel schneller arbeiten konnte als jeder Mensch, und so wurde Fee entlassen. Du kannst dir nicht vorstellen, wie unglücklich sie da mit einem Mal war. Sie saß nur noch jammernd in ihrer Wohnung herum und fragte sich, warum die Welt so ungerecht wäre. In ihrer Wut

und in ihrem Ärger war das Einzige, das sie noch aufmunterte, Torte. Sie kaufte sich jeden Tag mindestens ein Stück beim Konditor. Aber sie schmeckten ihr alle nicht wirklich. Sie waren ihr zu süß oder zu sahnig oder nicht locker genug. ‚Eine perfekte Torte', sagte deine Oma damals zu mir, ‚muss einen glücklich machen. Und das tun alle diese Torten nicht!' Sie versuchte es selber, backte ihre erste Torte, dann die zweite und die dritte. Sie backte immer weiter, weil sie es schaffen wollte, eine wirkliche Glücklichmachertorte hinzubekommen. Natürlich konnte sie die Torten nicht alle allein aufessen, und deshalb verschenkte sie sie: an ihre Nachbarn, an den Kindergarten und ans Altenheim. Manchmal ist sie sogar auf die Straße gegangen und hat die Torten einfach wildfremden Leuten gegeben. Jeder, der von ihren Torten probierte, war sofort begeistert. Irgendwann dachte deine Oma nicht mehr an die Keksfabrik. Sie mietete sich einen kleinen Laden und eröffnete ihre Konditorei. Meine Freundin hat es genauso gemacht, wie Buddha es gemeint hat: Hör auf, daran zu denken, was du verloren hast oder was du haben willst. Ärger dich nicht darüber, sonst geht es dir und allen um dich herum nicht gut. Lass alles los, konzentriere dich einfach nur darauf, was du in diesem Moment tust."

Sara stand schon draußen auf dem Hausflur, als Gundi ihr noch etwas schenkte. Es war ein wunderschöner, golden schimmernder, kleiner Buddha, der friedlich im Schneidersitz saß und meditierte.

„Deine Oma hat herausgefunden, was richtig für sie war", sagte Gundi. „Und du schaffst das auch."

„Aber erst muss ich rausfinden, was Oma mit Gott auf dem Dach gemeint hat“, erwiderte Sara. „Sie hat mir geschrieben, dass er da wohnt.“

„Auf dem Dach? Da hat er jedenfalls einen guten Überblick. Ich hab mir früher immer vorgestellt, er sitzt auf den Wolken und zieht mit ihnen über die Welt.“

An diesem Abend schrieb Sara wieder in ihr Notizbuch:

Ich war bei Gundi. Sie hat mir von Buddha erzählt. Sie hat gesagt, dass man seinen Kopf frei machen soll und es einem gut geht, wenn man sich nichts mehr wünscht.

Aber ich wünsche mir trotzdem weiter, dass Oma wieder lebt. Dann könnte sie mir das Backen beibringen. Ich muss Mama unbedingt fragen, ob Oma ein Rezeptbuch gehabt hat und ich das haben kann.

Viele Grüße,
Sara

AYLA
UND
DER ISLAM

Als Oma Allahs Essen aß

Ein paar Tage später kam Sara wütend aus der Schule und schlug sofort ihr Notizbuch auf.

Diese doofe Camille hat ALLE Mädchen aus der Klasse zu ihrem Geburtstag eingeladen. Nur mich nicht. Und in der Pause hat sie mit den anderen über mich getuschelt. Ich will mich nicht über diese blöde Ziege ärgern, aber ich tue es doch. Oma hat immer gesagt: Wenn jemand unfreundlich zu mir ist, versuche ich erst recht ganz freundlich über ihn zu denken und wünsche ihm nur Gutes. Vielleicht wird er dann zwar immer noch nicht netter, aber mir geht es wenigstens besser, weil ich keine hässlichen Gedanken mehr habe. Ich versteh nicht, wie Oma das gemacht hat. Ich schaffe das jedenfalls nicht, Camille was Nettes zu wünschen.

Saure Grüße, Sara

Nach dem Mittagessen war Sara mit Ayla verabredet, in dem türkischen Gemüseladen, in dem Oma so gerne eingekauft hatte. Als Sara in den Laden trat, kam Ayla sofort hinter der Kasse hervor und begrüßte sie. Sara hatte gedacht, dass sie in Aylas Wohnung gingen. Sie war schon gespannt gewesen, wie es dort wohl aussehen würde. Aber

Ayla schlug vor, sich auf die Bank vor dem Laden zu setzen. Dort saßen die beiden nun und blinzelten in die Sonne. Zwischen ihnen standen eine Teekanne und ein Teller mit Sesamkringeln und süßen Teilchen.

„Du magst Süßes“, bemerkte Ayla, „das weiß ich. Ich weiß sogar, was deine Lieblingstorten sind: Käsekuchen, Schokoladentorte, Himbeer-Sahne-Torte und Nuss-Marzipan-Torte.“

Sara war verblüfft. „Woher weißt du das?“

Ayla lachte. „Jeden Sonntag hat deine Oma dir eine deiner Lieblingstorten gebacken, stimmt's? Aber ihr habt es nie geschafft, sie ganz aufzuessen. Am Montag ist Fee immer bei mir vorbeigekommen und hat mir den Rest gebracht. Wir saßen dann hier auf dieser Bank und machten einen kleinen Kaffeeklatsch.“ Sara strich über das Holz der Bank und stellte sich vor, wie Oma hier gesessen hatte. Ayla reichte ihr ein kleines Teeglas mit drei Stückchen Würfelzucker. „Ich finde, zu viel Zucker gibt es nicht!“, lächelte sie. „Als ich so alt war wie du, habe ich bei deiner Oma immer Zuckerwürfel genascht.“

„So lange kennst du Oma schon?“, fragte Sara.

„Fast mein ganzes Leben lang. Ich habe deine Oma kennengelernt, als ich in die erste Klasse ging. Damals lebten ich und meine Eltern noch in der Türkei, in einem kleinen, armen Dorf. Es passierte nicht viel bei uns. Nur manchmal kam ein Händler vorbei oder jemand aus dem Nachbardorf. Sonst kannten wir keine Fremden. Als deine Oma und dein Opa bei uns landeten, war es ein ganz normaler, langweiliger Nachmittag. Deine Großeltern hatten gerade geheiratet. Gleich nach der Hochzeit waren sie in ihr kleines, klappriges Auto gestiegen und

einfach losgefahren. Immer der Sonne nach, bis sie auf unserer Dorfstraße waren. Genau vor unserem Haus begann ihr Auto zu knattern. Der Motor qualmte und knallte, dann blieb der Wagen stehen. Es gab sofort eine Riesenaufregung bei uns. Alle liefen aus ihren Häusern. Sämtliche Männer des Dorfes wuselten um das Auto herum, klappten die Motorhaube auf und gaben kluge Ratschläge. Deine Großeltern standen daneben und sahen ganz verzweifelt aus. Bald war klar, dass niemand wusste, wie man das Auto reparieren sollte. Aber im nächsten Dorf wohnte ein Automechaniker. Mein Papa ritt auf unserem Esel los, um ihn zu holen. Und meine Mama lud deine Oma und deinen Opa in unser Haus ein und machte ihnen schnell etwas zu essen. Deine Großeltern konnten nur ein ganz klein wenig Türkisch, wir konnten gar kein Deutsch, aber wir haben uns mit Händen und Füßen unterhalten und gut verstanden.

Vor den Fenstern unseres Hauses drängelten sich die Dorfleute, um neugierig zu uns hereinzuschauen. Sie wollten alles sehen, was die Fremden machten. Als deine Großeltern mit dem Essen anfangen wollten, stürmte plötzlich einer der Nachbarn herein. ‚Halt!', hat er gerufen und seine Hände über die Teller gehalten. ‚Vor dem Essen wird gebetet! Sie müssen *Im Namen Allahs* sagen, bevor sie anfangen!'

Deine Oma und dein Opa haben erschrocken ihr Besteck beiseitegelegt. Aber meine Mutter hat auf das kleine Kreuz gezeigt, das deine Oma an einem Kettchen um den Hals trug. ‚Die beiden glauben doch gar nicht an Allah', erklärte sie dem Nachbarn, ‚die glauben an Jesus.'

‚Na, wenn sie nicht an Allah glauben, der ihnen diese gute Mahlzeit gegeben hat', regte sich der Nachbar weiter auf, ‚dann dürfen sie sie auch nicht essen.'

‚So ein Unsinn', meine Mutter war empört, ‚ich kann doch nicht nur diejenigen zum Essen einladen, die an Allah glauben! Allah ist groß und freundlich. Er lässt seine Sonne auf alle scheinen, auch auf die, die nicht an ihn glauben. Und den Regen lässt er genauso auf alle fallen, auf die Armen und die Reichen, die Guten und die Bösen, auf uns Muslime und auf die Christen!'

Der Nachbar ging, knurrend und murrend, und deine Großeltern durften endlich essen. ‚So soll es sein', hatte meine Mutter mir damals beigebracht: ‚Allah sagt, wir sollen gastfreundlich sein. Zu jedem, egal, was er glaubt. So will es Allah.'"

„Wer ist denn eigentlich Allah?", fragte Sara.

„Gott. ‚Allah' ist Arabisch und heißt einfach ‚der Gott'. Es ist derselbe Gott, an den auch die Christen und die Juden glauben. Aber unsere Religion heißt ‚Islam', das bedeutet ‚Hingabe an Gott'. Wer an Allah glaubt, ist ein Muslim. Einer, der sich Gott hingibt."

„Und das machst du?", wollte Sara wissen.

Ayla nickte. „Ich glaube an Allah und daran, was er unserem Propheten Mohammed gesagt hat."

Mohammed und die Fünf Säulen

„Mohammed war ein einfacher Mann", erzählte Ayla. „Er konnte nicht lesen und nicht schreiben, aber er war sehr freundlich und bescheiden. Er lebte in Arabien, in der Stadt Mekka, und arbeitete als Karawanenführer. Das war ein sehr wichtiger Beruf. Jeder, der etwas zu transportieren hatte, lud es auf Kamele, die in langen Karawanen durch die Wüste zogen. Oft waren sie mit wertvollen Gütern beladen, mit Gold, Salz, Gewürzen und kostbaren Stoffen. Die Wüste war weit, man konnte sich leicht in ihr verirren. Außerdem lauerten überall Banditen. Aber Mohammed kannte die sicheren Wege.

Es gab damals schon Juden und Christen, aber die meisten Menschen in Mohammeds Gegend waren Wanderhirten, Beduinen. Sie lebten in Stämmen zusammen. Jeder Stamm hatte seine eigenen Götter. Manche glaubten an Geister, die in Felsen oder Bäumen wohnten. Oder daran, dass der Wind ein Gott wäre. Andere beteten zu ihren verstorbenen Vorfahren. Mohammed tat das nicht. Er war zwar kein Jude oder Christ, aber er glaubte trotzdem an die Geschichten von Abraham, Mose und Jesus und dachte viel über sie nach. Er war überhaupt ein sehr nachdenklicher Mann und zog sich oft in eine Höhle auf einem Berg zurück.

‚Warum geht es einigen Menschen immer gut und anderen so schlecht?‘, überlegte er dort. ‚Warum sind viele so gemein zueinander? Warum müssen manche Menschen krank sein? Und wieso müssen wir alle eines Tages sterben?‘ Er grübelte und grübelte und wollte unbedingt herausfinden, wie die Menschen glücklicher werden könnten.

Eines Tages erschien ihm dann ein Engel Gottes, der Engel Gabriel. Er breitete ein großes Tuch mit gestickten

Buchstaben vor Mohammed aus. ‚Lies!‘, befahl er. Aber Mohammed konnte ja nicht lesen. ‚Lies!‘, forderte Gabriel trotzdem wieder. Als Mohammed es auch beim dritten Mal nicht tat, würgte Gabriel ihn mit dem Tuch. Fast ohnmächtig starrte Mohammed auf die Buchstaben – und plötzlich konnte er lesen, was dort stand:

‚Lies im Namen deines Herrn, der alles erschaffen hat. Lies, denn dein Herr ist gütig. Er bringt den Menschen alles bei, was sie nicht wussten.‘

Mohammed wiederholte diese Worte und wusste, er würde sie nie wieder vergessen. Gabriel sagte, dass Mohammed ein Prophet werden sollte. Ein Bote Gottes. Genauso wie vorher auch Abraham, Mose und Jesus Gottes Boten gewesen sind. Der Engel brachte Mohammed immer neue Botschaften. Mohammed erzählte sie seinen Freunden weiter, die sie aufschrieben. So ist der Koran entstanden, unser heiliges Buch.“

„Und was steht da drin?“, fragte Sara.

Ayla sammelte ein Steinchen vom Gehweg auf und kratzte mit ihm fünf dicke Säulen auf das Pflaster. Sie standen nebeneinander und auf ihnen thronte ein Dach.

„Das Dach ist unsere Religion“, erklärte sie, „der Islam. Die fünf Säulen hier, die tragen unsere Religion. Sie heißen **die Fünf Säulen des Islam.**

Jede Säule ist eine Aufgabe, die Allah uns aufgetragen hat. Jeder Muslim soll sie erfüllen.“

Ayla zeigte auf die erste Säule. „Zuerst muss man glauben und sagen, dass es nur einen Gott gibt und dass Mohammed sein Prophet ist. Man muss sagen:

Ich bezeuge, es gibt keinen Gott außer Gott und Mohammed ist sein Prophet.

Die zweite Säule bedeutet, dass man **fünfmal am Tag beten** soll."

Sara wunderte sich. „Fünfmal, jeden Tag? Das ist aber ganz schön viel. Betest du auch so viel?"

„Ich versuche es immerhin", sagte Ayla, „morgens, mittags, nachmittags, abends und vor dem Schlafengehen. Morgens bitte ich Gott, dass der Tag gut wird. Tagsüber bitte ich ihn manchmal um Verzeihung, wenn ich etwas getan habe, was nicht richtig war. Oder ich bitte ihn, mir zu helfen, wenn ich mich vor etwas fürchte. Abends sage ich meistens Danke dafür, dass es mir so gut geht."

„Und wenn du mal ein Gebet vergisst?"

„Mhm", machte Ayla, „wie fühlst du dich denn, wenn du deine Hausaufgaben vergisst?"

„Nicht so gut, eigentlich. Außerdem gibt es dann Ärger in der Schule."

Ayla lachte. „Genauso ist das. Du kannst selber entscheiden, ob du deine Hausaufgaben erledigst oder nicht. Aber wenn du sie nicht machst, fühlst du dich schlecht. Ich kann auch selber entscheiden, ob ich fünfmal am Tag bete oder nicht. Gott meckert nicht, wenn ich es vergesse. Er verzeiht mir, wenn ich einen Fehler mache. Er hat gesagt: ‚Wer seine Sünden bereut, ist wie jemand, der keine Sünden begangen hat.'"

Sara fiel ein, dass Tommy Ähnliches gesagt hat: „So etwas hat Tommy auch erzählt. Da gab es mal einen Sohn, der das Geld von seinem Vater verschwendet hatte.

Der Vater hat aber alles entschuldigt. Und bei Gott sei es das Gleiche, meinte Tommy."

„Gott und Allah sind einer. Es ist der gleiche Gott, an den wir glauben. Trotzdem gibt es Unterschiede. Hier, die dritte Säule zum Beispiel. Das ist der Monat Ramadan. In diesem Monat hat Gott zu Mohammed gesprochen. Zur Erinnerung daran sollen wir **jedes Jahr im Ramadan einen Monat lang fasten."**

„Was heißt das – fasten?"

„Wir sollen nichts essen und nichts trinken!"

„Das hält doch kein Mensch aus", protestierte Sara. „Dann verhungert und verdurstet man doch!"

Ayla gab ihr recht: „Stimmt. Deshalb dürfen wir im Ramadan nur morgens essen, bevor die Sonne aufgeht, und abends, wenn sie wieder untergegangen ist. Nur tagsüber sollen wir fasten."

„Warum will Allah so was eigentlich von euch?"

„Wenn man auf sein Essen verzichtet, macht man Allah ein Geschenk. Man verzichtet auf etwas, was einem wichtig ist. Und man versteht ein bisschen besser, wie es denen geht, die immer hungern müssen. Wir sollen im Ramadan aber nicht nur aufs Essen verzichten. Wir sollen auch besonders gut aufpassen, dass wir nichts Gemeines sagen oder tun. Wir sollen besonders nett zu allen Menschen sein und den Armen etwas von unserem Geld abgeben. Und wir sollen jeden, zu dem wir nicht gut waren, um Verzeihung bitten. Am Ende des Ramadan gibt es dann eine Nacht, in der wir über das vergangene Jahr nachdenken und überlegen, was wir in Zukunft besser machen können."

„Ungefähr wie an Silvester", bemerkte Sara. „Da nehme

ich mir auch immer vor, nächstes Jahr alles ganz gut zu machen."

„Fast. Nur, dass wir Muslime es Gott versprechen." Ayla deutete auf die vierte Säule. „Und das sind die Almosen. **Jeder Muslim soll einen Teil seines Geldes an die Armen geben.** Er selber soll so gut zu anderen sein, wie Allah es auch zu ihm ist. Die letzte Säule hier bedeutet eine Reise. **Einmal im Leben soll jeder Muslim nach Mekka reisen.** Dort hat Gott zu Mohammed gesprochen. In Mekka ziehen wir in weißen Gewändern um die Kaaba und beten. Die Kaaba ist ein heiliges Gebäude, das aussieht wie ein riesiger Würfel. Wer diese fünf Aufgaben erfüllt, ist aber noch nicht automatisch ein guter Muslim. Allah hat Mohammed noch ganz viele weitere Aufträge gegeben. Ein Muslim darf nicht töten, nicht stehlen und nicht lügen. Er soll immer ehrlich und gerecht sein, niemals neidisch oder gierig. Er soll den Schwachen helfen und immer gut zu seinen Eltern sein. Er soll nie schlecht über andere reden. Und wenn er etwas von alledem nicht geschafft hat, soll er es bereuen und Allah um Verzeihung bitten."

„Ganz ähnlich wie bei den anderen", sagte Sara. „Wie bei den Juden und den ..." Plötzlich verstummte sie. Sie hatte auf die andere Straßenseite gesehen und dort Camille entdeckt.

„Was ist?", fragte Ayla.

Sara war erleichtert, als Camille um die nächste Ecke verschwand und nicht mehr zu sehen war. „Das war so ein Mädchen aus meiner Klasse", murmelte sie. „Die ist total gemein zu mir."

Ayla seufzte. „So was kenne ich auch", meinte sie. „Als ich mit meinen Eltern nach Deutschland kam, war ich die einzige Ausländerin auf der ganzen Schule. In meiner Klasse gab es ein Mädchen, das mich deshalb immer geärgert hat. Weil ich noch nicht richtig Deutsch sprechen konnte und nicht so schicke Sachen anhatte wie die anderen. Eines Tages habe ich sie dann verprügelt. Da hat meine Mutter mich ausgeschimpft. Sie hat mir erzählt, dass auf meinen Schultern zwei Engel sitzen, einer links und einer rechts. Einer ist gut und einer ist schlecht. Beide flüstern sie mir ins Ohr, wenn ich mich entscheiden muss, gut oder böse zu sein."

Sara dachte, dass sie Camille auch gerne verprügeln würde. Und dass Oma das bestimmt nicht gefallen hätte.

Was ein Engel übers Beten lernte

„Deine Oma ist nicht nach Mekka gereist", fuhr Ayla fort. „Sie hat auch nicht fünfmal am Tag gebetet, aber Allah hat deine Oma ganz bestimmt geliebt. Denn sie hat niemals schlecht über jemanden geredet. Sie konnte sogar richtig wütend werden, wenn jemand über andere gelästert hat." – ‚Oma konnte wütend werden?' Sara sah Ayla ungläubig an.

„Als wir in Deutschland ankamen, mussten meine Eltern beide viel arbeiten. Deshalb war ich nach der Schule oft bei deiner Oma. Manchmal kam ihre Nachbarin vorbei. Sie flüsterte immer, aber ich habe doch alles verstanden. ‚Warum ist dieses kleine Türkenmädchen ständig bei dir?', wollte sie wissen. ‚Was willst du mit diesen Leuten? Die passen nicht hierher.'

Da hat deine Oma ganz scharf geguckt. ‚Und warum passen sie nicht hierher?‘, fragte sie.

‚Zum Beispiel diese Kopftücher‘, zischte die Nachbarin, ‚warum müssen die türkischen Frauen damit herumlaufen?‘

‚Ach, das kann ich dir sagen. Sie zeigen damit, dass sie fromm sind und bescheiden. Sie wollen nicht wegen ihrer Schönheit geliebt werden, sondern weil sie gute Menschen sind.‘

‚Aber sie sollten sich benehmen wie wir. Neulich habe ich einen Türken gesehen, der hat sich auf dem Parkplatz neben sein Auto gekniet und gebetet. So was tut man doch nicht!‘

Oh, da wurde Fee richtig böse. ‚Das tut man nicht?‘, rief sie. Gibt es eine Regel, die das Beten auf Parkplätzen verbietet? Nein! Es ist wohl besser, man betet neben seinem Auto als nur einmal im Jahr zu Weihnachten in der Kirche!‘ Danach hat die Nachbarin ihren Mund gehalten.“

„Aber warum hat der Mann denn auf dem Parkplatz gebetet?“ Das ging Sara nicht aus dem Kopf.

„Vielleicht war es Zeit für sein Mittagsgebet. Wenn man da gerade nicht zu Hause ist, betet man eben unterwegs. Man kann doch beten, wo man will und wie man will und zu wem man will, zu Jahwe oder zu Gott oder zu Allah oder zu noch jemand anderem.“

Sara war verwirrt. „Aber wenn jeder zu einem anderen Gott betet, welcher ist dann der richtige? Welcher hört die Gebete dann?“

„Der eine“, antwortete Ayla. „Alle Gebete landen bei einem einzigen Gott. Es gab mal einen Engel, der hat das auch nicht gleich verstanden. Er hörte vom Himmel aus, wie auf der Erde ein Mann betete. Es war Mitternacht, alle anderen Menschen schliefen schon, nur dieser eine nicht. Er bat um Kraft, damit er immer ein guter Mensch sein könne. Der Engel bemerkte, wie Allah dieses Gebet erhörte und wurde neugierig. Er wollte sich diesen Menschen, der so innig beten konnte, näher ansehen. So flog der Engel nach Mekka, zur Kaaba. Aber dort fand er den Betenden nicht. Danach ging der Engel zu allen gläubigen Menschen, die er kannte. Aber keiner von ihnen betete so wie jener, den der Engel gehört hatte. Schließlich fragte der Engel Allah um Hilfe.

‚Sieh doch mal in einem Tempel nach', schlug Allah vor.

Der Engel wunderte sich: ‚In einem Tempel? Wo all diese seltsamen Götterbilder stehen?'

Trotzdem machte er sich auf den Weg. Er schaute in jeden Tempel, den er finden konnte. Und irgendwann entdeckte er ihn. Der Mann, den er die ganze Zeit gesucht hatte, kniete versunken vor fremden Götterstatuen. Verwirrt eilte der Engel zu Gott zurück. ‚Er hat gar nicht zu dir gebetet', rief er entrüstet. ‚Wieso hast du diesen Mann erhört?'

‚Dieser Mensch kennt nichts anderes als seine Götter', antwortete Gott da. ‚Aber ich habe in sein Herz geschaut. Und dort ist er bei mir. Er will nur Gutes, tut nur Gutes und hat niemandem je Böses getan. Er betet, dass er immer gut bleibt. Und er bittet um Verzeihung für das Böse, das er vielleicht aus Versehen getan hat. Das sind gute Gebete. Die muss ich doch erhören. Wenn ich es nicht tue, wer soll es denn sonst tun?'"

„Dann ist es also egal, zu wem man betet“, stellte Sara fest, „wenn sowieso alle Wünsche beim gleichen Gott landen.“

Ayla schüttelte den Kopf: „Es ist immer gut, wenn man weiß, zu wem man gehört. Das ist wie mit deiner Familie. Du kennst sie und fühlst dich sicher bei ihr. Ihr wisst, wie ihr am besten miteinander redet, und ihr habt ganz bestimmte Gewohnheiten. So ist es auch mit Gott und dem Beten: Die Christen haben ihre Art, zu Gott zu sprechen. Die Juden benutzen ganz andere Worte und wir Muslime auch. Die Buddhisten machen es noch einmal anders und meditieren lieber. Jede Religion ist wie eine Familie, in der man sich aufgehoben fühlt. Jede hat ihre eigene Art, mit der sie Gott sagt, dass sie ihn liebt und braucht.“

Langsam ging die Sonne unter. Es war Zeit für Sara, nach Hause zu gehen.

„Warte kurz“, bat Ayla. Sie eilte in den Laden und kehrte mit einem kleinen Teppich zurück, den sie auf dem Gehweg ausbreitete. Es war ein schöner, alter Teppich mit verschnörkelten Mustern in sanften, bunten Farben. „Das ist mein alter Gebetsteppich“, erklärte Ayla.

Sara sah sie fragend an. „Wieso brauchst du eigentlich einen Teppich zum Beten?“

„Wenn ein Muslim betet, ist es ihm wichtig, sauber zu sein. Vor dem Beten waschen wir uns das Gesicht und die Hände. Damit wir nicht den schmutzigen Boden berühren, legen wir uns einen Teppich unter. Diesen hier habe ich schon, seit ich ein kleines Mädchen gewesen bin. Jetzt sollst du ihn haben. Du brauchst nicht auf ihm beten.

Du kannst ihn einfach so in dein Zimmer legen. Zur Erinnerung daran, was deine Oma wusste: Gott hat viele Namen."

Nachdem Sara sich bedankt hatte, machte sie sich mit dem Teppich unter dem Arm auf den Weg. Sie war schon ein ganzes Stück gegangen, da fiel es ihr plötzlich ein. Sie hatte vergessen, Ayla nach Gott auf dem Dach zu fragen! Eilig lief sie zurück. Aber Ayla war schon nicht mehr da.

Zu Hause legte Sara Aylas Teppich vor ihr Bett und hockte sich mit ihrem Notizbuch auf ihm hin.

Vielleicht sitzen auf meinen Schultern zwei Engel, ein guter und ein böser. Jedenfalls versuche ich morgen mal, mich nicht über Camille zu ärgern, auch wenn sie wieder so doof ist. Ich schmeiß ihr einfach ganz viel Freundlichkeit entgegen. Das würde Oma bestimmt gut finden. Mama hat mir Omas Backbuch geschenkt. Am Wochenende will ich mit Tommy eine Torte backen. Und dann bringe ich Oma ein Stück.

Viele Grüße, Sara

AARUN
UND
DER HINDUISMUS

Omas Seele auf der Reise

Am nächsten Tag, in der Schule, versuchte Sara es. Als es zur Pause klingelte und alle aus der Klasse stürzten, huschte Camille an ihr vorüber.

„Hallo“, sagte Sara freundlich zu ihr. Camille blieb verdutzt stehen.

„Ist was?“, fragte sie verblüfft.

„Nee. Einfach nur Hallo“, antwortete Sara und lächelte Camille an. Das mit dem Lächeln war nicht leicht, aber sie hatte es sich fest vorgenommen.

Camille war so verwirrt, dass sie ganz aus Versehen zurücklächelte.

Zufrieden ging Sara an ihr vorbei auf den Schulhof.

Am Nachmittag war sie mit Aarun verabredet, Omas Freund aus dem Blumenladen. Auf dem Weg zu ihm begann es heftig zu regnen. Sara war froh, als sie endlich vor Aaruns Laden stand. Sie wollte schnell ins Trockene. Aber an der Tür hing ein kleines Schild: „Mittagspause“.

Sara sah auf ihre Uhr und merkte, dass sie zehn Minuten zu früh war. Der Regen prasselte auf sie herab. Um etwas Schutz zu finden, lehnte Sara sich gegen die Tür. Als sie mit einem Schwung nach innen aufging, stolperte Sara in den Laden. Drinnen umfing sie eine süße Duftwolke. Dicht an dicht standen große Vasen mit bunten Blumen.

„Hallo! Aarun?“, rief Sara leise. Niemand antwortete. Sara tat noch ein paar Schritte in das Geschäft hinein, als sie ein zartes Glöckchen hörte. Überrascht blickte sie sich um. Es klingelte ein zweites Mal, und nun erkannte Sara, woher das Geräusch kam. Hinten im Laden gab es einen Durchgang mit einem Vorhang. Als das Glöckchen ein drittes Mal erklang, folgte Sara seinem Ton.

Sie schob leise den Vorhang ein kleines Stück beiseite und blickte in eine kleine Küche. Aarun stand mit dem Rücken zu ihr in einer Ecke vor einem Regal, auf dem einige bunte Bilder standen. Sara konnte nicht erkennen, was auf ihnen war, weil Aarun sie verdeckte. Sie beobachtete, wie er sich verbeugte, etwas murmelte und vor einem der Bilder ein Räucherstäbchen anzündete. Würziger Rauch wehte zu Sara hinüber. Nun schwenkte Aarun ein kleines Glöckchen und legte eine Rosenblüte vor das Bild. Wieder schwang er das Glöckchen, zündete eine Kerze an und verbeugte sich noch einmal. Dann drehte er sich um.

Sara wollte schnell zurück in den Laden huschen, aber Aarun hatte sie schon gesehen.

„Komm herein!“ Er winkte ihr freundlich zu. „Nimm Platz. Gut, dass du einfach hereingekommen bist. Ich habe das Mittagspause-Schild nur aufgehängt, damit wir beide uns in Ruhe unterhalten können.“

Er bot Sara Saft und einen Teller Kekse an. Der Saft schmeckte süß und nach Rosen, genau wie die Plätzchen.

„Diese Kekse mochte deine Oma besonders gerne“, bemerkte Aarun. „Sie liebte Rosen.“

Sara nickte stumm.

„Du bist traurig“, stellte Aarun freundlich fest. „Das verstehe ich. Ich bin auch traurig. Ich versuche trotzdem, froh zu sein. Sonst hört deine Oma meine Klagen und kann nicht froh reisen. Aber ihre Seele muss froh sein, wenn sie unterwegs ist.“

„Wohin ist sie denn unterwegs?“

„Sie sucht sich einen neuen Körper.“

„Das hat Gundi auch gesagt“, fiel Sara wieder ein. „Sie hat gesagt, ein Funke von Omas Seele lebt weiter.“

„Gundi ist Buddhistin. Ich bin ein Hindu. Mein Hinduismus und Gundis Buddhismus sind sich ziemlich ähnlich. Aber es gibt auch Unterschiede. Ich glaube, dass die ganze Seele deiner Oma wiedergeboren wird. In ihrem nächsten Leben wird sie vielleicht eine Königin sein. Eine sehr gute, weise Königin.“

Sara sah ihn erstaunt an. „Eine Königin? Warum?“

„Weil deine Oma viel gutes Karma gesammelt hat. Karma ist all das, was du in deinem Leben tust und sagst und denkst. Wenn du jemandem hilfst, ist das gutes Karma. Wenn du lügst oder neidisch bist oder stiehlst oder sogar tötest, ist das schlechtes Karma. Die Seele sammelt all dieses Karma und nimmt es mit, wenn jemand gestorben ist. Dann fängt sie ein neues Leben in einem neuen Körper an. Wer ein guter Mensch war, dem geht es in seinem neuen Leben noch besser. Wer ein schlechter Mensch war, der muss einen Schritt zurückgehen. Möglicherweise wird er als armer Straßenhund wiedergeboren. Aber wenn er ein guter Hund ist, darf er in seinem nächsten Leben wieder ein Mensch sein. Er kann ein weiteres Mal versuchen, sich besser ans Dharma zu halten.“

„Dharma, was ist das?“

„So eine Art Gesetz, das Dharma sagt uns, wie wir leben sollen.

Wir sollen immer ehrlich sein.
Wir sollen niemals töten oder gewalttätig sein.
Wir sollen nicht stehlen.
Wir sollen bescheiden sein und nicht gierig.
Wir sollen nicht zornig sein, sondern sanftmütig.
Wenn uns jemand etwas angetan hat, sollen wir ihm verzeihen.
Wir sollen jedem helfen, der unsere Hilfe braucht.
Wir sollen mitfühlen. Wenn jemand glücklich ist, sollen wir uns mit ihm freuen. Wenn jemand trauert, sollen wir mit ihm traurig sein.

Es gibt noch viel mehr Regeln, aber diese sind die wichtigsten.“

„Es sind immer die gleichen“, stellte Sara fest, „bei allen Religionen, oder?“

Aarun nickte und verscheuchte eine Mücke, die auf seinem Arm landen wollte. „Wenn ich zum Beispiel diese Mücke töte“, erklärte er, „habe ich gegen das Dharma gehandelt, das heißt, ich lade schlechtes Karma auf mich. Denn auch in jeder Mücke wohnt eine Seele. Wenn es eine gute Mücke war, wird sie nach ihrem Tod vielleicht als Biene wiedergeboren, und danach als Pferd und als Nächstes wieder als Mensch. So geht es immer weiter, bis ein Mensch es geschafft hat, nur noch gutes Karma zu haben.“

„Und was macht die Seele dann?“

„Dann hat sie das Moksha erreicht. Das große Nichts.

Niemand kennt es. Niemand kann es beschreiben. Aber es ist bestimmt etwas sehr Schönes."

Dreihundertdrei und dreitausenddrei Götter

Vorne im Laden schepperte es an der Tür. Aarun eilte hinaus, und Sara stand auf, um sich die bunten Bilder auf dem Regal anzusehen. Es waren Bilder wie aus einem Märchenbuch. Eines zeigte eine grimmige Frau mit vielen Armen. Sie trug jede Menge Waffen und um den Hals eine Kette aus Totenschädeln. Auf dem Bild daneben saß ein vierarmiger Mann friedlich auf einer riesigen Schlange. Dann gab es noch ein dickes, sonderbares Wesen mit einem Elefantenkopf. Und einen wilden Kämpfer, der auf einem Monster herumsprang.

Sara hatte nicht gemerkt, dass Aarun leise wieder hereingekommen und neben sie getreten war. „Das ist mein Altar, für meine Götter. Siehst du, dieser, auf der Schlange, das ist Vishnu. Und das da ist der wilde Shiva, im Kampf mit einem Dämon. Dort, das ist Parvati, seine Frau. Wenn sie wütend wird, verwandelt sie sich in die kämpferische Durga hier. Und der mit dem Elefantenkopf, das ist Ganesh, Shivas und Parvatis Sohn."

„An die alle glaubst du? Alle? Das sind ja viele."

„Oh, es gibt noch viele, viele mehr." Aarun lächelte.

Nun war Sara vollends verwirrt. „Aber ich dachte ... es gibt doch nur einen."

„Weißt du, es gab einmal einen Mann, der wollte es ganz genau herausbekommen. Also ging er zu einem weisen Hindu und fragte ihn:

‚Wie viele Götter gibt es tatsächlich?'

‚Dreihundertdrei und dreitausenddrei', antwortete der Weise.

Das war eine komische Antwort, fand der Mann. ‚Ja, ja', sagte er, ‚und jetzt mal ganz im Ernst?'

‚Dreiunddreißig', meinte der Weise da.

‚Nun mal ehrlich', forderte der Mann. ‚Wie viele Götter sind es wirklich?'

‚Sechs.' Der Weise lächelte.

Der Mann wurde immer verwirrter: ‚Jetzt sag mir doch bitte endlich die Wahrheit. Wie viele sind es genau?'

‚Drei', entgegnete der Weise sanft.

‚Drei', wiederholte der Mann, ‚und das stimmt jetzt, oder?'

Der Weise schüttelte den Kopf: ‚Es sind zwei.'

Der Mann stöhnte auf. ‚Und wenn ich dich noch einmal frage? Was sagst du dann?'

‚Eineinhalb', antwortete der Weise.

‚Nein!', rief da der Mann. ‚Das gibt es doch gar nicht. Ich frage dich jetzt ein allerletztes Mal. Wie viele Götter sind es?'

Da gab der Weise zum letzten Mal Auskunft: ‚Einen. Es gibt nur einen.'"

Sara verstand überhaupt nichts mehr. „Aber du hast ganz viele! Welcher von denen ist es denn?"

„Alle", erwiderte Aarun. „Aber hinter all diesen Göttern steckt nur ein einziger. Das Brahman. Aus ihm ist die Welt und alles Leben entstanden. Brahman schwebt über allem, und es ist in allem. In Himmel und Erde, in Land und Meer, in den Menschen und Tieren und Pflanzen. Und in allen Göttern. Das Brahman ist schwer zu beschreiben. Es ist größer und heiliger als alles, was wir uns vorstellen können. Damit wir es überhaupt ein bisschen verstehen, zeigt es sich in all unseren Göttern."

„Und zu welchem betest du? Du kannst doch nicht zu allen auf einmal beten."

Aarun gab ihr recht: „Stimmt. Deshalb hat jeder Hindu einen Lieblingsgott. Meiner ist Vishnu. Sein Name bedeutet ‚der Retter'. Die Schlange, auf der er sitzt, ist die Unendlichkeit. Auf ihr ruht Vishnu sich aus, bis es für ihn wieder an der Zeit ist, die Erde zu retten. Dann bläst er auf seinem Muschelhorn, schlägt seine Feinde mit der Keule oder schleudert seinen Diskus gegen sie. Und hier, die weiße Blüte, die er trägt: Sie ist so rein, wie die ganze Welt es sein soll. Vishnu war schon neunmal auf der Erde, um sie zu retten. Aber er wollte nicht erkannt werden. Deshalb hat er sich jedes Mal verwandelt, in eine Schildkröte, in einen Fisch, in ein Wildschwein oder in einen Zwerg. Das letzte Mal ist er als Buddha gekommen."

„Wie bitte, als Buddha? Als der Buddha, von dem Gundi mir erzählt hat?"

Aarun nickte. In Saras Kopf drehte es sich. ‚Buddha war gar nicht Buddha gewesen, sondern eigentlich Vishnu?'

„Sieh mal", forderte Aarun sie auf und zeigte auf ein kleines Bild, das neben Vishnus stand. „Kennst du den?" Der bärtige Mann auf dem Bild sah anders aus als Aaruns Götter. Er war ein ganz normaler Mensch, mit dem Unterschied, dass ein Heiligenschein über seinem Kopf schwebte.

„Das ist Jesus“, bemerkte Sara erstaunt.

„Ich glaube, wenn Vishnu das nächste Mal auf die Erde kommt, wird er als Jesus erscheinen. Irgendwann wird er aus dem Himmel steigen und uns Frieden bringen. Eigentlich ist es ganz einfach. Unsere Götter können sich in alles verwandeln, was auch immer sie wollen, in andere Götter, in Tiere, in Flüsse und Pflanzen. Manchmal erscheinen sie auch einfach als Menschen. Als ein Mädchen wie du zum Beispiel.“

Ein heiliges Mädchen und ein Gott mit Elefantenkopf

„Die Hindus in Nepal glauben, dass die Göttin Durga immer wieder als kleines Mädchen wiedergeboren wird. Als Kumari. Um die Kumari zu finden, machen sich hohe Priester auf die Suche. Das Mädchen, das sie suchen, muss viele Bedingungen erfüllen. Es muss gesund und wunderschön sein, das Haar und die Augen pechschwarz, und es muss besonders hübsche Füße und Hände haben. Außerdem darf es noch keinen Zahn verloren haben und ihr Horoskop muss perfekt zu dem des Königs passen. Wenn das alles stimmt, wird das kleine Mädchen in einen dunklen Raum voller blutiger Schädel von Opfertieren gebracht. Dort muss es zwei Tage und Nächte bleiben. Nur wenn das Mädchen das ohne Angst aushält, ist sie die Richtige. Danach verlässt sie ihre Familie und zieht in einen prächtigen Palast ein. Von nun an darf sie den Palast nur noch ein paar Mal im Jahr verlassen. Nicht, um Spaß zu haben, sondern nur, damit die Leute sie sehen und verehren können. Es ist harte Arbeit, eine Kumari zu sein. Jeden Tag muss sie stundenlang auf ihrem Thron sitzen und Besucher empfangen. Sie bringen der Kumari Essen und Blumen, weil sie glauben, dass das Glück bringt. Die Kumari streut Blütenblätter über die Gläubigen und drückt ihnen einen roten Punkt auf die Stirn. Aber sie darf mit niemandem reden. Nur wenn sie schweigt, gehen die Wünsche ihrer Verehrer in Erfüllung. Fängt die Kumari an zu weinen oder laut zu lachen, wird der Besucher erkranken oder sogar sterben. Fängt sie an zu zittern, wird der Mensch ins Gefängnis kommen. Und wenn sie das Essen von jemandem aufhebt, verliert derjenige Geld. Wenn endlich alle gegangen sind, darf die Kumari immerhin mit ihren Dienern reden. Die Kinder der Diener sind ihre einzigen Freunde. Nur mit ihnen darf sie spielen. Die Kumari lebt dieses Leben, bis sie eine Jugendliche geworden ist. Dann verliert sie ihre Heiligkeit und eine neue Kumari wird gesucht."

„Ich hätte keine Lust, eine Kumari zu sein", meinte Sara. „Das ist kein schönes Leben, das sie da hat."

„Ja, es ist nicht lustig, Kumari zu sein. Aber dafür sammelt sie bestimmt viel gutes Karma für ihr nächstes Leben."

Sara überlegte, wie ihr Karma wohl aussah. Sie dachte an die Spinne, die sie neulich erschlagen hatte. Aber auch daran, wie sie heute Morgen freundlich zu Camille gewesen war. Letzten Sonntag hatte sie Mama einen Kaffee ans Bett gebracht. Und gestern im Bus hatte Sara einer alten Dame ihren Platz angeboten. Das war ja immerhin schon mal was, dachte sie. Auf jeden Fall, nahm sie sich vor, wollte sie nie wieder ein Tier töten, egal, wie klein es war.

Aarun holte eine kleine Figur von seinem Altar und reichte sie Sara. Es war Ganesh, der dickbäuchige Gott mit dem Elefantenkopf. „Er verwandelt sich nie. Er bleibt einfach der freundliche, hilfsbereite, kluge Ganesh. Er bringt Glück. Er kann dir helfen, Probleme zu lösen."

Der kleine Gott sah wirklich sonderbar aus. „Warum hat er einen Elefantenkopf?", erkundigte Sara sich.

„Daran hat sein Vater Shiva Schuld", erklärte Aarun. „Shiva war einige Jahre lang unterwegs gewesen. Währenddessen war Ganesh groß geworden und beschützte seine Mutter Parvati. Als Shiva endlich von seiner Reise zurückkehrte, bewachte Ganesh gerade das Haus. Shiva wollte gleich hinein, aber Ganesh ließ ihn nicht. Er wusste ja nicht, dass es sein Vater war, der da vor ihm stand. Und Shiva ahnte nicht, dass es sein Sohn war, der ihm den Eingang versperrte. Jedenfalls tobte Shiva vor Wut, und in seinem Zorn schlug er Ganesh den Kopf ab. Ganesh' Mutter war natürlich außer sich. Shiva musste ihr versprechen, Ganesh auf der Stelle wieder zum Leben zu erwecken. Also suchte Shiva eilig nach einem neuen Kopf für seinen Sohn. Das einzige Lebewesen, das ihm in der Schnelle über den Weg lief, war ein Elefant. Dem hieb Shiva nun den Kopf ab und setzte ihn Ganesh auf. Seitdem trägt Ganesh einen Elefantenkopf."

Aarun zog einen Bonbon aus seiner Tasche und gab ihn Sara. „Den kannst du ihm hinlegen. Ganesh mag Süßes."

„Und dann isst er den Bonbon?" Sara hatte ihre Zweifel.

Aarun nickte.

„Wirklich, der Bonbon verschwindet?“

Da schüttelte Aarun den Kopf. „Nein. Alles, was wir unseren Göttern anbieten, bleibt liegen. Aber sie essen es trotzdem, mit den Augen.“

Sara drehte den Elefantengott in ihren Händen. Bevor sie ging, musste sie Aarun unbedingt noch das Allerwichtigste fragen. „Oma hat geschrieben, Gott wohnt auf dem Dach. Und ich soll ihn da entdecken.“

„Das hast du doch schon.“

Sara sah Aarun verwirrt an. Sie hörte zu, was der Hindu ihr zum Abschied erzählte.

Gott sitzt auf dem Dach

Gott sitzt auf dem Dach. Wer zu ihm will, der muss raufklettern. Einer nimmt dafür eine Leiter. Ein paar Leute bauen eine Treppe. Und andere klettern an einem Seil hoch oder an einer langen Stange. Wie jeder aufs Dach kommt, ist egal. Das Wichtige ist: Es gibt nicht nur einen Weg, um zu Gott zu kommen, sondern ganz viele. Jeder versucht es anders. Jeder macht es so, wie er es am besten kann. Jetzt muss ich nur noch rausfinden, wie ICH es am besten mache.

Viele Grüße,
Sara

Danach blätterte Sara in Omas Backbuch. Neben die Rezepte von Saras Lieblingstorten hatte Oma immer ein Herzchen gemalt. Die Rezepte waren alle ganz schön kompliziert, fand Sara. Bis sie zur Schokoladentorte kam: ‚Wunderbar einfach!', hatte Oma neben das Herzchen geschrieben.

Am Wochenende backte Sara zusammen mit Tommy also die Schokoladentorte. Sie wurde ein bisschen matschig, nicht so perfekt wie bei Oma. Aber das machte nichts, sie war trotzdem sehr lecker.

Die beiden aßen jeder ein großes Stück, danach packten sie den Rest ein und marschierten los. Zu Herrn Salomon und zu Gundi, zu Ayla und zu Aarun. Jeder von Omas Freunden bekam ein Stück. Und jeder war glücklich darüber.

Zum Schluss waren nur noch drei kleine Stücke übrig. Sara und Tommy nahmen sie mit auf den Friedhof. Omas Grab war mit kleinen Rosenbüschen und bunten Blumen bepflanzt. Ein schmaler Weg aus Kieselsteinen führte zu einem Holzkreuz, auf dem Omas Name eingraviert war. Am Rand des Grabs stand ein schneeweißes Bänkchen.

„Probier es mal aus", forderte Tommy Sara stolz auf. „Ich hab's selbst gebaut. Damit man es gemütlich hat, wenn man Oma was erzählen will."

Die beiden setzten sich hin, und es war wirklich eine gute Bank. Tommy packte die Tortenstücke aus. Während sie aßen, erzählte Sara Oma alles, was sie bei ihren Freunden erlebt hatte. Und natürlich, was sie über Gott auf dem Dach herausgefunden hatte.

„Für dich“, sagte Sara zum Schluss und legte das letzte Stückchen Torte vor Omas Grab: „Ich vermisse dich!“

Dann horchte sie. Die Vögel sangen, und die Blätter der Bäume rauschten leise im Wind. Und die Sonne schien.

ANHANG

Willst du mehr wissen?

Warum gibt es Religionen?

Seitdem es Menschen auf der Erde gibt, stellen sie sich Fragen über das Leben. Die Religionen versuchen Antwort auf diese Fragen zu geben:

- Warum leben wir? Was ist der Sinn unseres Daseins?
- Warum müssen wir sterben, und was kommt nach dem Tod?
- Warum gibt es Unglück und Böses auf der Welt? Was kann man dagegen tun?
- Gibt es eine unsichtbare Macht, die uns beschützt?

Die fünf großen Weltreligionen

Es gibt viele Religionen auf der Welt. Niemand weiß genau, wie viele es sind. Fünf dieser Religionen sind besonders bekannt. Weil so viele Menschen auf der ganzen Welt an sie glauben, nennt man diese Religionen auch WELTRELIGIONEN oder RELIGIONEN DER WELT.

Das Judentum

Die Juden leben über die ganze Welt verstreut, die meisten in Amerika und in Israel.

Das Christentum

Auch Christen gibt es überall. Sehr viele leben in Europa, Amerika und Afrika, aber auch in Asien.

Der Islam

Die meisten Muslime leben in arabischen Ländern wie zum Beispiel dem Iran und dem Irak, Ägypten und der Türkei. Auch in Indonesien und in Teilen von Afrika gibt es sehr viele Muslime.

Der Hinduismus

Die Hindus leben vor allem in Indien.

Der Buddhismus

Besonders viele Buddhisten leben in Japan, China, Thailand, Sri Lanka, Tibet und Vietnam.

Was sind die Unterschiede?

Die fünf großen Weltreligionen sind sehr unterschiedlich. Manche haben nur einen Gott. Andere glauben, dass es ganz viele Götter gibt – oder gar keinen. Manche glauben, dass man nur einmal lebt und nach dem Tod ins Paradies kommt. Andere glauben, dass man immer wiedergeboren wird. Und jede Religion hat ihre eigenen Regeln dafür, wann und wie man beten soll.

Was sind die Gemeinsamkeiten?

Einige Dinge sind bei allen Religionen gleich:

Zusammensein

Jede Religion ist eine Gemeinschaft. Ihre Mitglieder glauben an einen oder mehrere Götter oder an eine Idee. Sie treffen sich in Kirchen (Christen), Tempeln (Buddhisten und Hindus), Moscheen (Muslime) oder Synagogen (Juden). Dort feiern die Menschen zusammen ihren Glauben.

Beten und Meditieren

Mit ihren Gebeten bitten und danken die Gläubigen. Wenn jemand sich fürchtet, bittet er seinen Gott um Hilfe. Wenn es ihm gut geht, kann er Gott dafür danken. Der Gläubige lobt und preist Gott für alles Schöne auf der Welt. In Religionen, in denen es keinen Gott gibt, meditieren die Gläubigen. Dabei versuchen sie, einen freien Kopf zu bekommen, um gut und weise zu werden.

Gutes tun

Ein paar Regeln sind in allen Religionen gleich. Eine der wichtigsten Regeln lautet: Sei ein guter Mensch. Tue niemandem etwas Böses, sondern hilf den anderen. Die „Goldene Regel" heißt: Tue nie etwas anderen an, was du nicht willst, dass es dir geschieht.

Hoffen

Jeder Gläubige hofft, dass das Leben nach dem Tod nicht einfach aufhört, sondern danach noch etwas anderes kommt. Zum Beispiel ein besseres, neues Leben, das Paradies oder einfach ein wunderbares Nichts.

Wer ist Gott?

Judentum

Die Juden verehren einen einzigen Gott. Sie nennen ihn JAHWE („Ich bin, der ich bin“) oder Adonai („Herr“).

Christentum

Die Christen verehren den gleichen Gott wie die Juden. Aber sie nennen ihn einfach Gott. Außerdem glauben sie an Gottes Sohn Jesus und an den unsichtbaren Heiligen Geist. Gott in den drei Personen wird die Heilige Dreifaltigkeit genannt.

Islam

Der Gott des Islam ist der gleiche, an den auch die Juden und die Christen glauben. Im Islam wird Gott Allah genannt. Und Mohammed gilt als sein wichtigster Bote.

Hinduismus

Die Hindus verehren eine unsichtbare göttliche Macht, die sie Brahman nennen. Das Brahman zeigt sich in vielen Göttern. Die drei wichtigsten sind Vishnu, Shiva und Brahma.

Buddhismus

Die Buddhisten glauben nicht an einen Gott, sondern an

eine Idee: an ein ewiges Glück, das jeder Mensch suchen und finden kann.

Wie und wann sind die Religionen entstanden?

Judentum

Abraham war der erste Mensch, der nicht mehr an viele, sondern nur noch an einen Gott glaubte. Er erzählte seinem Volk, dass Gott es auserwählt habe, um es immer zu beschützen. Der Prophet Mose gilt als der Begründer des Judentums. Auf ihn gehen die Zehn Gebote und die mosaischen Gesetze zurück.

Christentum

Jesus war Jude. Die Christen glauben, dass er Gottes Sohn ist und auf die Welt kam, um die Menschen von allem Bösen zu befreien. Jesus wurde vor über 2000 Jahren geboren. Mit seiner Geburt beginnt unsere Zeitrechnung.

Islam

Mohammed war ein Prophet – jemand, der Botschaften von Gott empfing und sie an die Menschen weitergab. Die Muslime glauben, dass er der letzte Prophet auf der Welt war. Mohammed hat vor etwa 1400 Jahren gelebt.

Hinduismus

Viele Menschen haben gemeinsam den Hinduismus gegründet. Es ist immer wieder Neues hinzugekommen.

Niemand weiß genau, wie alt der Hinduismus ist. Die ersten Hindus lebten wahrscheinlich vor etwa 4000 Jahren.

Buddhismus

Buddha war ein Königssohn und hieß eigentlich Siddhartha Gautama. Er suchte lange nach der Antwort, warum es das Leid auf der Welt gibt. Nachdem er sie fand, wurde er zum weisen Buddha („der Erleuchtete" oder „der Erweckte„). Buddha lebte vor ungefähr 2500 Jahren.

Heilige Bücher

In jeder Religion gibt es ein oder mehrere heilige Bücher, in denen alles steht, was für die Gläubigen wichtig ist: Regeln, Geschichten und Gebete.

Judentum

Die heilige Schrift der Juden heißt THORA. Sie ist kein Buch, sondern eine dicke Papierrolle. In der Thora stehen die Zehn Gebote und noch viele andere Regeln, die Gott den Juden gegeben hat. Die Thora gibt es nur auf Hebräisch, der Sprache der ersten Juden. Jeder fromme Jude muss deshalb lernen, die alten Schriftzeichen zu lesen.

Christentum

Das heilige Buch der Christen ist die BIBEL. Sie besteht aus dem Alten und dem Neuen Testament. Im Alten Testament steht vieles, was auch in der Thora steht: die

Geschichte Gottes mit den Menschen. Im Neuen Testament wird das Leben von Jesus erzählt. Die Bibel gibt es in vielen Sprachen.

Islam

Die Muslime nennen ihr heiliges Buch den KORAN. In ihm steht alles, was Gott seinem Propheten Mohammed erzählt hat. Der Koran ist auf Arabisch erzählt. Jeder Muslim sollte den Koran lesen und muss deshalb Arabisch lernen.

Hinduismus

Die Hindus haben verschiedene heilige Bücher. In den VEDEN stehen vor allem alte Lieder. In den UPANISHADEN sind Gespräche weiser Männer aufgeschrieben, zum Beispiel über den Sinn des Lebens. In der BHAGAVAD GITA stehen Geschichten über die Götter.

Buddhismus

Das Buch, in dem alles aufgeschrieben wurde, was Buddha gelehrt hat, nennt man TIPITAKA oder PALI-KANON. Buddha hat allerdings gesagt, dass man nicht alles glauben soll, was geschrieben steht, sondern besser selber nach der Wahrheit suchen soll.

Gott auf dem Dach

Die Geschichte von Gott auf dem Dach hat Ramakrishna erzählt. Er war ein indischer Heiliger und lebte vor ungefähr 150 Jahren. Ramakrishna hatte mehrere Religionen ausprobiert: den Hinduismus, den Islam und das Christentum. Danach erkannte er für sich: Es gibt nicht eine „richtige“ Religion, sondern ganz unterschiedliche Wege, an Gott zu glauben. Ramakrishna meinte, dass es gut sei, sich für eine Religion zu entscheiden, aber man solle wissen, dass auch die anderen Religionen gute Wege zu Gott sind.

Bibliografische Information: Deutsche Nationalbibliothek
Die Deutsche Nationalbibliothek verzeichnet diese Publikation in der Deutschen Nationalbibliografie; detaillierte bibliografische Daten sind im Internet über http://dnb.d-nb.de abrufbar.

Umschlaggestaltung: Daniela Meyer
Layout: Michaela Lichtblau
Satz und Reproduktion: W. Vornehm Premedia, München
Lektorat: Michaela Schachner
Druck und Bindung:
Offizin Andresen Nexö Leipzig GmbH, Zwenkau
Printed in Germany

ISBN 978-3-629-01423-8

www.pattloch.de